お父さんのための裏ハローワーク

門倉貴史

方丈社

はじめに

なぜお父さんたちに裏ハローワークが必要なのか？

最近、世の中景気がよくなったといわれます。確かに統計データを見る限り、失業者は減り続けていますし、お父さんたちの給料も上がっています。業績の好調な大企業では従業員の夏冬のボーナス支給額も増えてきました。

「いまの会社にしがみついてこのまま定年まで働いていれば、退職後は夫婦でノホホーンと優雅な隠居生活をエンジョイできる！」

景気が緩やかに回復するなかで、そんな淡い期待を抱いているお父さんも多いことでしょう。

しかしながら、ささやかな夢を無残に打ち砕くようで大変恐縮なのですが、世の中そんなに甘くはありません。

作家の芥川龍之介は、『侏儒の言葉』という作品で「人生は地獄よりも地獄的である」という悲観的な名言を残していますが、これから先、何の生活防衛策もとらないお父さんたちを待ち受けているのは、まさに地獄よりも地獄的な老後生活である可能性が高いのです。

将来的には、世の中のお父さんたちがあたりまえだと思っていることがあたりまえではなくなってくるので、そこにできるだけ早く気づく必要があるでしょう。

あたりまえではなくなることの一つめは、「中長期的に日本の労働力人口は減っていくので、労働力不足によって賃金は上がってくるはずだ」という考えです。そう思っていたお父さん、残念ながら認識が甘いです。

日本ではロボットの技術が急速に発展しています。たとえば、ソフトバンクが販売するヒト型ロボット「ペッパー」は人間の言葉を理解して、身ぶり手ぶりを交えて簡単な会話もできます。「ペッパー」に使われている最先端技術を産業用ロボットにも応用できれば、人に代わってロボットが行なえる作業領域が飛躍的に拡大するでしょう。少子高齢化の進展によって将来の人手不足が予想される日本では、今後、労働力不足の解消に貢献する次世代産業用ロボットに対するニーズが高まるとみられます。

ある試算によると、このままロボットの普及が進んだ場合、その業務量を労働力換算すると、2025年時点で約352万人分に相当するということです。もっと先になれば、汎用性の高い仕事の多くはロボットに奪われているかもしれないのです。

そうなれば、上司におべっかを使うぐらいしか能がないお父さんは、賃金が下がるどころか、職を失うことにもなりかねません。

あたりまえではなくなることの二つめは、「とりあえず、年金支給開始年齢である65歳になれば、その後は死ぬまで年金がもらえるので、お金の心配をすることなく安心して老後の生活を楽しめるはずだ」という考えです。そう思っていたお父さん、残念ながら認識が甘すぎます。

日本の年金財政は年々厳しくなっていて、将来的には年金の支給開始年齢の引き上げや年金の支給額の減額が避けられない情勢です。しかも、多くの人たちが長生きするようになっています。厚生労働省の発表によると、2015年の日本人男性の平均寿命は80・79歳、日本人女性の平均寿命は87・05歳です。国立社会保障・人口問題研究所の予測では、2060年時点で男性の平均寿命は、84・2歳になります。女性の平均寿命は、90・9歳と90歳を超える見込みです。

元気に老後の生活をエンジョイできる人が増えることは社会にとって望ましいことですが、経済的にはいろいろな問題も出てきます。いちばん大きな問題は、自分がいつ死ぬかわからないので、それまでの生活費をどのように捻出していけばいいのかということです。会社を退職した後、亡くなるまで年金収入だけで暮らしていくのはかなりむずかしくなってきます。

そこで、試みに、あなたが60歳で退職し、90歳まで生きることを前提として、退職した時点でどれだけの貯金があれば、安心して老後の生活を送れるのかちょっと計算してみましょう。

総務省の『家計調査』によると、現在、夫が65歳以上、妻が60歳以上の夫婦無職世帯の1カ月の支出は平均26万8907円となっています。一方、収入は20万7347円です。収入のほとんどは年金となっています。1カ月の支出は収入を上回っていて、毎月の赤字額は6万1560円となります。この赤字の部分は貯蓄を切り崩して生活していることになります。このモデル世帯の1カ月の収支をもとに、60歳時点で必要な貯金額を逆算していきます。

まず、退職した年（60歳）から年金が支給開始になる歳（65歳）までの5年間は、無年金期間ですので、この期間は貯蓄を切り崩して生活を続けます。

この期間に必要なお金は（26万８９０7円×12カ月×5年間＝）１６１３万円になります。

次に、年金が支給される65歳から亡くなる90歳までの25年間は、年金では足りない生活費だけが必要になるので、これを計算しますと（6万１５６０円×12カ月×25年間＝）１８４7万円になります。

さらに、年をとってきますと、病気になったり、介護が必要になる可能性も出てきますので、万が一の予備費として３００万円を計上しておきましょう。

これらをすべて合算すると、60歳の時点で必要になる貯金の総額は３７６０万円になります。これから本業でいくらがんばったとしても、４０００万円近くの貯金を60歳までにつくるのは容易なことではありません。

そこで、お父さんたちには、60歳までになんとか貯金４０００万円を達成すべく、ぜひとも副業に励んでいただければと思います。

実際のところ、副業をするビジネスパーソンは増えています。たとえば、シンクタンクのＭＭＤ研究所が２０１５年に調査した結果によると、ビジネスパーソンの14パーセントが副業をしているそうです。

会社のほうも社員の副業に寛容になってきています。これまでは、本業がおろそかにならないよう就業規則で副業を禁止している会社が圧倒的に多かったのですが、社員に右肩上がりの給料を約束できなくなったいま、副業を認める会社が増えているのです。

本書は、副業やアルバイトを希望するお父さんのための「裏ハローワーク」（略して裏ハロ）です。将来のことが不安で夜も眠れないお父さんや、金欠気味で生活苦のお父さん、会社の仕事ができなくて悩んでいるお父さんに向けて、世の中ではあまり知られていない、とっておきの副業やアルバイトの求人情報をたくさん掲載していますので、ぜひ参考にしていただけましたら幸いです。

エコノミスト　門倉貴史

お父さんのための
裏ハローワーク
目次

はじめに
なぜお父さんたちに裏ハローワークが必要なのか？ 002

RECRUITING1

第一章
「好きこそものの上手なれ」お仕事

デリヘル・ドライバー 014

添い寝屋 019

アダルトビデオ審査 024

ゾンビ・バイト 028

同窓会幹事代行 032

オークション代行 036

覆面調査員 040

RECRUITING3

第三章
「特殊な趣味を生かせる」お仕事

呪い屋 074

隕石ハンター 079

性感マッサージ・セラピスト 084

カエルの養殖 088

ゲーム実況 092

大人のおもちゃモニター 096

ブラジリアンワックス 100

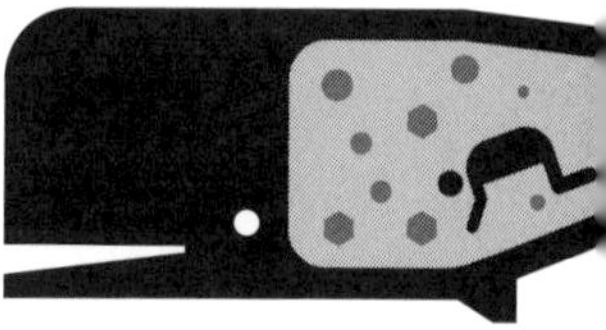

RECRUITING2

第二章
「やる気ひとつでできる」お仕事

謝罪代行 046

告白代行 050

万引きGメン 055

怒られ代行 060

着ぐるみ 064

官能小説・朗読 068

RECRUITING4

第四章

「特技ゼロからでも大丈夫」お仕事

人肌あたため 106

AV撮影部屋貸し 110

ラブホテル・フロントマン 114

龍涎香拾い 118

モデルルーム看板持ち 123

ミドルモデル 126

遺品整理 130

アダルト系パーツモデル 134

RECRUITING5

第五章

「趣味と実益で一石二鳥」お仕事

糖尿病治験ボランティア 140

ベッドテスター 144

レンタル彼氏 149

ネット占い師 154

イベント集客屋 158

ネットスカウトマン 162

クワガタ養殖 166

チャットボーイ 170

RECRUITING6

第六章
「体力だけは自信あり」お仕事

自販機・設置場所紹介 176

お遍路代行 180

墓参り代行 185

並び屋 190

ゴミ屋敷クリーニング 194

流木拾い 198

パチンコ新台入れ替え 202

花見場所取り代行 206

おわりに
お父さん、あきらめないで！ 210

ブックデザイン
寄藤文平(文平銀座)+北谷彩夏
イラスト
北谷彩夏

第一章

「好きこそものの上手なれ」お仕事

RECRUITING

デリヘル・ドライバー

JOB DESCRIPTION

- ●時給1000円以上
- ●学歴不問、要普免、要度胸
- ●ドライブ好きお父さんなら、趣味と実益二重取り。時間さえ厳守すれば、ストレスなしのいい裏ハロ仕事です。

「休日はストレス発散のため、1人でドライブに出かける」「自宅から会社まですぐの距離なのだが、毎日わざと遠回りして運転を楽しむ」など、とにかくドライブが好きで好きでたまらないというお父さんにオススメの裏ハロ仕事があります。

それがデリバリーヘルス（派遣型ファッションヘルス）のドライバーです。

「なぜ、タクシーやトラック運送、宅配便のドライバーではなくて、デリヘルのドライバーなのか？」という厳しいツッコミに対しては、あえて「デリヘルのドライバーには男の夢とロマンがあるから」と回答しておきましょう。

具体的な仕事の流れは次のとおりです。まず、男性客から電話がきたら、店の受付スタッフがドライバーに送迎先を指示します。指示を受けたドライバーは、待機所にいる女の子を車に乗せて男性客の自宅やラブホテルへと向かいます。女の子を降ろしたら、次の指示があるまで現場で待機します。そして、サービスを終えた女の子を乗せて待機所へ送ります。この繰り返しです。

ドライバーの数が少ないときや繁忙期には、複数の女の子を乗せて次から次へと送迎する必要がありますが、通常は現場で待機することが多く、トラック運送や宅配のドライバーの仕事に比べれば精神的・体力的にキツイことはありません。

気になる報酬ですが、時給は安いところで1000円ぐらい、高いところだと1500円ぐらいになります。

デリヘル業者の7割ぐらいが採用の条件としてマイカーの持ち込みを求めています。また、5割のデリヘル業者はガソリン代の自己負担を採用の条件にしています。ただ、車の持ち込み&ガソリン代負担のところは、時給が高め（1500円）に設定されていることが多く、経費を除いた正味の時給は、どこでもおおむね1000円と考えていいでしょう。

もし、あなたがこの仕事に興味を持ったのなら、とりあえず地元のデリヘルのホームページを片っ端からチェックしてほしいと思います。常時ドライバーの募集があるので、採用条件を確認したうえで応募してみましょう。

ドライバーは不足気味になっているので、運転免許証とマイカーさえあれば即採用になるはずです。

また最近ではデリヘルの業者間の競争が激化しているため、経営者が直接ドライバーを雇うのではなく、「送迎専門業者」にアウトソーシングするケースが増えています。

送迎専門業者は複数のデリヘルから依頼を受けて、数をこなすことで単価を安くしているのです。送迎専門業者がデリヘルのドライバーを募集していないかどうかもチェックしておくといいでしょう。

最後に、お父さんがこの仕事をするうえでの注意点をいくつか挙げておきましょう。ひとつは、渋滞時の迂回ルートを頭にたたきこんでおくなど、到着時間が遅れないように工夫することです。一般的に、男性客は待ち時間が長くなるほど、デリヘル嬢に求める容姿の基準がシビアになっていきます。交通渋滞などにハマッてしまい、デリヘル嬢の到着が約束の時間に大幅に遅れると、「写真と違って、全然かわいくない」という失望感が強まり、キャンセルやチェンジが発生しやすくなります。

ちなみに、時計メーカーのシチズンが行なったアンケート調査（2013年）によると、恋人と屋内で待ち合わせをする場合、待ち時間30分に達するまでに、70・1パーセントのビジネスパーソンがイライラし始めるそうです。

30分以内に
女の子が着く

時給 1500円

30分以内に
女の子が
着かない

時給 1000円

飛ばしすぎて
キップ切られる

クビ

女の子をお客様のもとに30分以内に到着させることが、お客様を怒らせたり、イライラさせないコツといえそうです。時間厳守でデリヘル嬢を安全に送迎できるドライバーは経営者からの信頼を得やすく、将来幹部になれる可能性も出てきます。

もうひとつの注意点は、お店の女の子には絶対に手を出さないということです。デリヘルのドライバーになるお父さんのなかには「あわよくば密室の車中でデリヘル嬢と仲よくなって、こんなことやあんなことを……」などとスケベ心を持つ人もいることでしょう。実際、送迎を繰り返しているうちに、ドライバーがお店の女の子と懇ろな関係になるという話はあるようですが、これが経営者にバレると、即解雇の憂き目に遭います。デリヘル嬢との会話は挨拶・相槌レベルにとどめておくことが得策といえます。

さらに、車を離れるときは必ずキーをかけるようにしましょう。デリヘルの女の子が男性客から受け取った料金は、ドライバーが回収して最終的に事務所のスタッフに渡すことが多くなっています。

待機中にキーをかけ忘れてコンビニエンスストアなどに出かけると、戻ったとき、売上金が盗まれていたということがあります。その場合、店からその分のお金を賠償するように言われてしまうのです。

RECRUITING

添い寝屋

JOB DESCRIPTION

●1訪問1万円以上（交通費支給）
●選考上委細面談、容姿端麗有利
●癒し系のお父さんなら容姿がブサメンでも、ぜんぜんOK。横に寝るだけで高収入だけど、技術は必要です。

世の中には、仕事はからっきしできないのに、職場のOLたちの間では「○○係長って超癒し系よねえ！　見ているだけで、なごむわ。結婚したいと思うぐらいよ」と、なぜか大人気で、女性陣からの好感度だけを頼りに会社で生き残っているようなお父さんがいるものです。たとえていうなら、人気マンガ『釣りバカ日誌』に出てくる万年平社員「ハマちゃん」こと浜崎伝助のようなタイプのお父さんです。

今回は、そんな出世街道からはずれた、癒し系のお父さんにオススメの裏ハロ仕事を紹介したと思います。

それが「添い寝屋」の仕事です。

耳慣れないかと思いますが、「添い寝屋」というのは、不眠に悩む女性に寄り添って寝ることで、安心・快適な睡眠を提供するビジネスのことです。

近年、日本では現代病ともいえる不眠症や寝不足に苦しむ人が増えています。あるアンケート調査の結果によると、日本人（成人）の3人に1人は寝つきが悪いなど、睡眠の問題を抱えているそうです。日本大学の研究チームによると、日常的に睡眠時間の少ない人は、欠勤や遅刻、早退の頻度が高く、勤務中に眠気を感じると、作業効率が約4割も低下してしまうそうです（眠気があるときの作業効率は男性で40パーセント、女性で37パーセント低下）。また、交通事故を起こすリスクは約1・4倍も高いことがわかりました。不眠症や寝不足による経済損失は年間3兆4690億円に上ります（日本大学の試算）。

眠気を我慢しても、こうした経済損失を防ぐことはむずかしいので、個々人が努力して適切な睡眠を心がけることが重要となっています。

自分の安眠のために、異性に「添い寝」してもらう「ソフレ（添い寝をしてくれるフレンド）」の関係を求める人も増えています。ある若い女性は、寝つきが悪くて、いつも寝不足気味であることに悩んでいました。やがて、友達以上恋人未満の「ソフレ」ができたことで、隣で誰かが寝てくれているという安心感が得られ、熟睡できるようになったそうです。早くから「ソフレ」が注目されていたアメリカでは「添い寝」をマッチングするスマートフォンのアプリが登場して世間の注目を集めています。

こうしたことから、添い寝を通じて睡眠不足に悩む女性に安眠と癒しを提供する「添い寝屋」の仕事は、時流に合った社会的意義のあるサービスといえるでしょう。

最近では、男性客向けの「添い寝屋」のほうで性的なサービスの提供が問題となっていますが、女性客向けの「添い寝屋」では、性的なサービスの提供は禁止になっているので、(性的なサービスの提供をともなうこともある)「出張ホスト」のビジネスとは一線を画しています。

気になる報酬ですが、1回の訪問につき1万円以上の金額を受け取ることができます(報酬は即日支給)。しかも、交通費は業者が全額支給してくれるのです。女性客が「添い寝屋」の業者に支払う料金は1回の添い寝につき3万円ぐらいなので、あなたの取り分はサービス料の3分の1ぐらいになります。

この仕事に興味のあるお父さんは、女性向けに「添い寝屋」のサービスを提供している業者が複数あるので、各社のホームページにアクセスして、応募フォームに必要事項を記載し、面接試験を受けてみましょう。

報酬額がいいので、業者に応募してくる男性は多く、現在、採用試験の合格倍率は10倍ぐらいの狭き門となっています。中には、合格倍率が100倍超の狭き門になっている業者も存在します。ぱっと目をひくイケメンであれば採用試験に合格しやすいことは確かですが、女性に癒しを与えることが使命なので、たとえブサメンであっても、醸し出す雰囲気や声のトーンが優しければ、合格できるので心配ご無用です。

採用試験に合格後は、マナー講座やセラピスト研修などを受けて、こちらの試験にも合格しなくてはなりません。

最後に、お父さんがこの仕事をする際の注意点を挙げておきましょう。それは、女性を寝かしつけるために「添い寝」のサービスに力を入れすぎ、自分自身が睡眠不足になってしまうというリスクです。

男性が睡眠不足に陥ると、睾丸が縮小して精子の量が減る危険性が高まります。南デンマーク大学が1000人の男性の精子を検査したところ、夜なかなか寝つけなかったり、夜中に目が覚めてしまい、そのあとまた眠りに落ちるのに時間がかかったりする男性は、そうでない人と比べて精子の数が25パーセントも少ないことがわかりました。

また、この調査によると、睡眠不足の男性の睾丸は正常の男性と比べて、見た目があきらかに小さかったということです。

いくら癒し系であっても、会社で仕事ができないばかりか、男性としても十分な役割を果たせなくなってしまったら、自らのアイデンティティーを喪失することにもなりかねません。「添い寝」の仕事に一生懸命取り組んでも、睡眠不足だけは避けていただきたいところです。

普通に
添い寝する

時給 1万円

添い寝して
先に寝る

時給 5000円

女の子に
いたずら
しようとする

クビ

RECRUITING

アダルトビデオ審査

JOB DESCRIPTION

●時給900円～1000円
●選考上委細面談（要動体視力）
●新作のAVを見ながら、小遣稼ぎまでできる仕事。当然、競争率は高いけど、ガチで、〝自宅で高収入〟です。

日々のつらい仕事で蓄積されたストレスを発散すべく、自宅の書斎で奥さんに隠れてこっそりアダルトビデオ（AV）を鑑賞するお父さんはけっこうな数に上ります。

会社帰りに、魂の抜けた人のように繁華街にあるビデオボックスにふっと立ち寄り、AVを鑑賞していく寂しいお父さんもいます。

あるいは、長い結婚生活の中で、すっかりマンネリ化してしまった夜の営みを盛り上げるべく、ベッドで奥さんと一緒にAVを鑑賞するお父さんもいます。

ところで、好きなAVを見ているだけでお金儲けができたら、まさに「一石二鳥」でこんなにすばらしいことはないでしょう。

実は、自分の書斎にいながら新作のAVがタダで見放題のうえ、あとでお小遣いもゲットできるという、お父さんの夢とロマンをかなえてくれるすばらしい裏ハロ仕事があるのです。それがAV審査のアルバイトです。現在、世の中には大量のAVが出回っていますが、日本では法律により無修正が禁じられているため、すべてのAV作品にはモザイクがかかっています。

ちなみに、若い世代の男性はAVにモザイクがかかっていることに不満を持つことが多いようです。イライラして、薄目を開けてモザイクの向こう側を見ようと躍起になる人もいます。しかし、お父さんぐらいの年代になると、モザイクがあることでむしろ想像力が豊かになり、仕事でも創造性が発揮できて次のステージに進みやすくなるなど、モザイクがあることのメリットを強く意識するようになるようです。

AV審査の話に戻ると、メーカー側の映像処理のミスで、モザイクが薄すぎてしまったり、あるいはモザイクの位置がズレてしまう場合があります。AV審査のアルバイトの仕事内容は、発売前の新作AVを見ながら、映像の乱れ、ノイズ、音声、モザイクを細かくチェックしていくというものです。

審査員になると、自宅にAVを収録したDVDが送られてきたり、インターネット経由でAVの動画が送られてきます。AVを1本見終わるごとに、チェックシートに審査結果を記入していきます。

たとえば、「31分14秒のシーンに若干モザイクのズレあり」「42分21秒のシーンのモザイクが薄すぎる」といった具合です。

AVでモザイクが出てくるのは、たいていは後半からなので、前半は気楽に見ても大丈夫なのですが、怒涛の勢いでモザイクが出てくる後半にはかなりの集中力が要求されます。目の疲れも半端なものではありません。目が充血することのないよう、適当な間隔で目薬をさすことをオススメします。

モザイク以外にも、映像の中に子どもが映っていてはいけない、実在する学校の制服を使用してはいけない、版権のあるキャラクターが映像に映り込んではならないなどのチェックポイントがあります。

では、このアルバイトでどのくらいの報酬がもらえるのでしょうか。このバイトは、基本的に時間給ではなく出来高払いとなっています。AVメーカーによってケース・バイ・ケースなのですが、1本審査するごとに、1800円~2000円ぐらいの報酬がもらえるようです。AVの収録時間は2時間のものが多いので、時給に換算すると、900円~1000円ぐらいです。

ここまで読んで「こんなおいしいバイト、すぐにでもやりたい！」と思ったお父さんは多いことでしょう。しかし、残念ながら、この仕事は頻繁に募集がかけられておらず、しかも希望者が多いので競争倍率が非常に高いのです。この裏ハロ仕事を希望するお父さんは、いろいろなAVメーカーのホームページを頻繁にチェックしておくといいでしょう。

なお、老婆心ながら、AVの見過ぎは身の破滅を招く恐れがあるので要注意です。英国のケンブリッジ大学の研究によると、1日に8時間以上もAVを見る人は「ポルノ依存症」にかかっている可能性が高いということです。

そして、同大学がMRIを使って「ポルノ依存症」にかかった人の脳をスキャン・分析したところ、AVを鑑賞する際、アルコールやドラッグなどの中毒患者と同じ部位に反応が起こっていることがわかりました。つまり、AVを見すぎるとそれが中毒化して、最終的には薬物中毒患者と同じようなヤバい脳になってしまうということです。

また、デンマークのコペンハーゲン大学の研究によると、もともと思いやりのない男性がAVを見ると、女性に対して偏見を抱いたり、女性を軽視しやすくなるということです（思いやりのある男性がAVを見ても、何も影響はありません）。

普段、奥さんから「あなたは思いやりがない」といわれているお父さんは、AVを見ると、奥さんに対して横暴な振る舞いをする可能性が高いので、仕事ではもちろんのこと、趣味でもAV鑑賞は我慢したほうがいいかもしれません。

RECRUITING

ゾンビ・バイト

JOB DESCRIPTION

- 時給1000円
- 要ゾンビ動作講習、羞恥心却下
- サプライズ好きのお父さんには天職かも。メイクや衣装は自腹だけど、イベントでは意外とモテモテです。

「毎年ワイフの誕生日には、指輪やネックレス、ブレスレットといったサプライズのプレゼントを用意する」「友人の結婚式・披露宴に出席するとき、必ず余興で感動のサプライズを演出するようにしている」「雷が鳴ったとき、部下の女性社員が思わずビクッと肩をすくめる仕草に異様に萌える」など、とにかくサプライズが大好きというお父さんにオススメの裏ハロ仕事を紹介しましょう。

それが「ゾンビ」のアルバイトです。ゾンビというのは、言うまでもなく「生ける屍」のことです。実はいま、世界的にゾンビが大ブームになっており、各地で開催されるゾンビ関連のイベントは大盛況となっています。

ゾンビが血のりをつけながら車を洗ってくれるゾンビ・カー・ウォッシュ（カナダ）、ボランティアのゾンビが追いかけてくるアスレチック・マラソン大会（アメリカ）、ゾンビの恰好をして何千人もの人が街を歩きまわるゾンビウォーク（オーストラリア）など、具体的な事例を挙げていくと枚挙にいとまがありません。ゾンビのフードピックやゾンビの香水など関連グッズの売り上げも伸びています。

ここ日本でも、空前のゾンビ・ブームが巻き起こっていて、各地のテーマパークでは「バイオ・ハザード」や「ゾンビミュージアム」などゾンビ系アトラクションが大人気となっています。見るだけでは満足できず、「自分も一度、ゾンビになってみたい」という人も多く、アトラクション内でゾンビに扮するアルバイトは人気が高くなっています。

では、ゾンビに扮するアルバイトの報酬はどれぐらいになるのでしょうか。報酬は平均すると、時給1000円程度で、普通のアルバイトより少し高いいぐらいです。ですから、金銭面では、それほどの魅力はないかもしれません。

しかも、ゾンビになるまでの準備がけっこう大変です。ネットの求人広告などを見て応募すると、面接試験は比較的簡単に通るのですが、アルバイトの仕事を始める前にゾンビ特有の動作について、みっちり講習を受けなければなりません。

マイケル・ジャクソンの「スリラー」のように、手や足など身体の各パーツが不自然に動くよう工夫し、羞恥心を捨てて、思いっきりゾンビになりきる必要があります。中途半端な動きだと、見ているお客さんのほうが恥ずかしくなってしまうからです。恥ずかしがり屋のお父さんは「自分は死んで、ゾンビとして生まれ変わったのだ」と自己暗示をかけておきましょう。

また、ゾンビの特殊メイクもしなくてはいけません。スタッフからゾンビのイメージ画像をもらって、それぞれが自分でドウランを塗ったり、血のりをつけたりします。血のりは100円ショップで売っています。最近では、ゾンビに扮するための「傷シール」なども発売されているので、こちらを利用するのもいいでしょう。お父さんがゾンビになりきるまでの道のりは険しいのです。

ゾンビの準備が整ったら、アトラクション内で待機し、自分の持ち場でお客さんが来るのをひたすら待ちます。

待機中「暗がりにまぎれて、若い女性客の身体に触ってみよう」というスケベ心を抱くお父さんがいるかもしれません。

しかし、ゾンビはお客さんの身体に触れてはいけないという鉄の掟があり、これを破ったら即刻解雇になるので、くれぐれも注意してください。せっかく時間をかけてゾンビの動きを体得し、またゾンビのメイクをしたのに、一瞬のスケベ心で、そうした努力がすべて水の泡になってしまいます。

ビジネスとして考えると、それほど割のいい仕事ではないかもしれませんが、サプライズが大好きなお父さんにとっては、たまらない魅力があります。

というのも、お客さんが予想以上に驚いてくれるからです。「キャー、キャー、キャー」と女性客の間では絶叫の嵐が巻き起こり、パニックになって逃げまどう子がたくさん出てきます。サプライズ大好きお父さんにとっては、まさに至高の瞬間です。やりがいを感じること間違いなしといえるでしょう。

ときには、カップルでアトラクションに来て、彼氏のほうがゾンビにビビって逃げてしまうことがあります。男性は女性のようにヒールなどを履いていることはないので、逃げ足の速さはびっくりするほどです。腰が抜けて動けなくなった彼女を「お姫様だっこ」で、運び出すといった幸運にめぐりあうことだってあります。自分を突き飛ばして絶叫しながら逃げていった身勝手な彼氏よりも、「お姫様だっこ」をしてくれたあなたのほうに彼女の気持ちがうつっていくかもしれません。

ホラー系のアトラクションが活況を呈するのは夏場です。アトラクション内は、恐怖を演出するため冷房が効いているので快適に過ごせます。お父さんにとっては、夏のいい思い出づくりになるので、夏のシーズンには、ぜひ、ゾンビのアルバイトに挑戦してみてください。

RECRUITING

同窓会幹事代行

JOB DESCRIPTION

- 時給1500円
- 学歴不問、要ヨイショスキル
- 飲み会などの仕切り大好きお父さんの腕の見せどころ仕事。ヨイショに励めば、時給はするりとつり上ります。

「会社の仕事が全然できず、上司からはいつもにらまれているが、飲み会の幹事は大得意で、上司に『すばらしい仕切りだった』と必ずほめられる」など、得意分野が、飲み会の仕切りに偏向しているお父さんにオススメの裏ハロ仕事があります。

それが「同窓会の幹事代行」ビジネスです。

30代、40代といった働き盛りの世代は日々いそがしく、同窓会を開く機会はめったにありませんが、60代以降のシニア世代になると、時間的な余裕や金銭的なゆとりが生まれて「同窓会で旧交を温めよう」という動きが出てきます。

たとえば、2016年に実施されたあるアンケート調査の結果によると、「過去1年間に同窓会に参加した」と回答した50代がわずか24・8パーセントにとどまったのに対して、60代は42・5パーセントにも上りました。また70代以上では62・2パーセントと、同窓会に参加した人が過半を超えています。同窓会を楽しみにしているシニア層も多く、参加者全員で赤いちゃんちゃんこを着て還暦をお祝いするなど、工夫を凝らした同窓会を実施したりしています。

急スピードで高齢化が進展するなか、シニア層の「ふれあいの場」として同窓会のニーズは今後も高まっていくことが予想されます。

ただし、実際に同窓会を開催しようと思っても、幹事役はけっこうキツいものです。会場を探したり、参加者の出欠を確認したり、会を運営したりとやらなければならない仕事が山ほどあります。幹事役が準備をする場合、同窓会を開催する6か月ぐらい前から、少しずつ、いろいろな作業を進めていかなければなりません。

こうした状況下、人がやりたがらない幹事の仕事を請け負ってくれるのが「同窓会の幹事代行」サービスなのです。幹事代行のサービスを利用すれば、採算ラインを考えて参加費や開催場所を設定してくれるので、同窓会で赤字が出ることもありません。

この仕事の基本的な流れは次のとおりです。まず、同窓会を開催する3〜4カ月前にお客さんと打ち合わせをして、同窓会の開催場所・プラン・2次会などの詳細を詰めます。次に、今度は会場・料理・イベント会社などの手配、招待状の発送や参加者の出欠確認を行ないます。

そして、同窓会当日には、会の仕切り役として司会進行をします。そのほか、同窓会のホームページ作成やアルバム編集といったサービスも提供します。

この仕事に興味を持ったお父さんは、さっそくネットの検索サイトで「同窓会」「幹事」とキーワードを打ち込んでみましょう。たくさんの事業者がヒットするはずです。

ご自身の居住地域でビジネス展開をしている事業者があれば、年齢や時給などの募集条件を確認したうえで、応募してみましょう。

アルバイトでこの仕事をする場合、時給は1500円前後で、他のアルバイトと比べてかなりの高給となっています。

また独立開業して、フランチャイズで事業展開するという手もあります。この場合、フランチャイズ本部が顧客の紹介をしてくれるので、営業活動をする必要がなく、地域密着型の充実したサービスの提供に集中して取り組むことが可能になります。

なお、この仕事をするにあたって、ぜひとも身につけておいてほしいスキルがあります。それが「ヨイショ」のスキルです。というのも、英国の調査で、同窓会は見栄っ張りの人が好んで行くイベントであると判明したからです。

アンケート調査の結果によると、42パーセントの人は「同窓会には行きたくない」と回答しました。理由は「参加者の虚栄に満ちた自慢話なんか聞きたくない」というものです。

また、同窓会では、5人に1人が見栄を張ってウソをつくことも判明しました。男性がつくウソの特徴は「成功への執着」です。たとえば、男性の55パーセントが、実際の年収よりも多い額を稼いでいると吹聴していました。また、8パーセントが実際よりもいい車に乗っているポーズをしていました。そして、6パーセントの男性は「成功を自慢するというそれだけの目的で同窓会に行く」と答えました。

さらに、衝撃的な結果も出ています。なんと17パーセントの男女が過去に好きだった人とのお付き合いを期待して、自分の交際関係、婚姻関係についてウソをぶちかますかもしれないと打ち明けていたのです。

このように同窓会の会場には、ちょっとした見栄、他人からの承認欲求、セレブと思われたい欲求など、人間の虚栄心が満ちあふれているのです。

したがって、幹事代行をするにあたっては、参加者の虚栄心をくすぐるリップサービスを心がける必要があります。

気の利いたリップサービスによって、多くの人たちが笑顔になり、リピーターの獲得へとつながっていきます。口コミで評判が高まれば、おのずと新規顧客開拓の道も開けてくるはずです。

RECRUITING

オークション代行

JOB DESCRIPTION

- 手数料・落札価格の3割
- 学歴不問、商品撮影力必須
- ヤフオク大好きお父さんならすぐ始められます。ネットを駆使して1日1時間、評判とれれば高収入は確実です。

オークションの歴史は古く、紀元前500年には、古代バビロニア帝国で競りが始まったといわれています。当時の出品商品のほとんどは、戦争で勝利したときの戦利品であったようです。また、結婚相手の女性を得るための競りも行なわれていました。

18世紀になると、絵画や骨とう品の競りを行なう近代的なオークションが広がっていきます。さらに1990年代中盤になると、インターネットの普及にともなって、ネットを介して行なう競売「インターネットオークション」が登場しました。

そして、最近ではネットオークションにハマる大人がますます増えています。お父さんたちもネットオークションで、家電製品や洋服、家具、本など、家の中にある不用になったものを出品して、少ないお小遣いの足しにしています。

なかには、奥さんが大切にしているダイヤモンドの指輪やネックレス、ブレスレットを勝手にオークションに出品、換金する心ないお父さんもいます。

また、生活にこまったあげく、自分の子供に万引きをさせ、盗んだ商品をネットオークションに出品して換金するといった「バカ親」の一件も報じられています。

今回はオークションが大好きというお父さんに向けて、あいている時間を有効活用できるお手軽な裏ハロ仕事を紹介したいと思います。それが「オークション代行業」です。

家の中にある不用品を片っ端からネットオークションで売りさばいていくと、最終的には換金できるものが底をついてしまうでしょう。

そこで、これまでのネットオークションで培った豊富な経験や知識を生かして、「ヤフオク」などで何かを売ってほしいと希望するお客さんから商品を郵送してもらい、その人の代わりに商品を売ってあげるというのが、「オークション代行業」の仕事です。

「代行手数料をとられてしまうのに、わざわざ人に依頼してネットオークションで商品を売ってもらおうなんて人いるのかな？」と疑問に思う人も多いかと思いますが、実は、『ヤフオク』に出品するのは面倒だし、かといって近所のリサイクルショップに持ち込んでも二束三文での買い取りになるので、なかなか売る気になれない」という人は意外に多いのです。

とくに、パソコンやインターネットを使えない高齢者の間で、オークション代行業者への依頼を希望する人が多いようです。代行業に依頼すれば、写真を撮影したり、商品のコメントなどを考える必要もありません。

オークションの代行手数料は、ケース・バイ・ケースなのですが、商品落札価格の3割を受け取るというのがだいたいの相場のようです。

1日のうち1~2時間程度でもオークション代行の副業をしていれば、少なくとも月5万円以上は稼げるでしょう。

お父さんがこの仕事をするにあたっての注意点を挙げておきますと、いかに作業効率を高めるかが収益を左右する大きな要因になるので、お客さんから送られてきた商品の梱包をできるだけ素早くはずすべく、切れ味のいいハサミを用意しておくのがいいでしょう。100円ショップで売っているような安いハサミは使い勝手が悪く、作業効率が下がるのでやめておきましょう。

個人的には、粘着テープを連続して切ってもべたつかないチタンコーティングされた900円のハサミがオススメです。このハサミは、軽く切れる角度とされる約30度を維持するための「ベルヌーイの定理」を利用した「ベルヌーイカーブ刃」となっています。

もうひとつ、お客さんから送られてきた商品の落札価格をできるだけ引き上げるマル秘テクニックを紹介しておきましょう。

それは出品する商品を写真撮影するとき、背景をできるだけ赤色にするというものです。色彩心理学の分野において、赤色は攻撃色であることがわかっていますが、米国の調査で、赤色は経済学的にも消費者にお金をたくさん使わせる「魔の色」であることがわかったのです。

たとえば、ネットオークションである商品が出品されていた場合、商品がまったく同じものであっても、オークションサイトの背景が赤色であるか青色であるかによって、最終的な落札価格とオークション参加者の数が大きく変わりました。赤色の場合には落札価格がかなり高くなり、オークション参加者の数も増えたのです。なので、落札価格を引き上げるには、背景はできるだけ赤色にするのが得策といえます。

最後に、お客さん（依頼者）を増やす方法ですが、代行業を始めたばかりのころは、自分のブログやチラシなどを使って近所の人たちに地道に宣伝していくのがいいでしょう。

ある程度の実績を上げていけば、あとは自然と口コミで評判が広がっていき、最終的には、全国から箱詰めされた商品が、あなたの家にどっさり届くようになるはずです。よく切れるハサミのありがたさが、身に染みるようになることでしょう。

RECRUITING

覆面調査員

JOB DESCRIPTION

●一覆面1000円
●要一般客のふり力、食品の微妙な味覚必須
●リストラお父さんのための奥さんヘルプ編。自分の好きな店で「覆面」で食事してレポートすれば、高収入です。

「ダンナの稼ぎが雀の涙ほどの金額でしかなく、生活が成り立たない」「リストラされたダンナが、まるで魂のぬけた人のようになり、毎日家でボーっとしている」「ダンナが病気になり、日を追うごとに弱ってきている」など、世の中には、お父さんが甲斐性なしであるがために、苦しい生活を余儀なくされている奥さんがたくさんいます。

そこで今回は、甲斐性なしのお父さんが、奥さんに副業で家計を助けてもらうにあたって、オススメの裏ハロ仕事を紹介しておきましょう。

それが、平日の日中などに時間をとりやすい主婦向けの副業「ミステリーショッパー」です。

ミステリーショッパーというのは（ミステリアスな印象を受けるかもしれませんが）覆面調

査員のことです。

依頼を受けた店舗に、一般客のふりをして訪問します。飲食やサービスの提供を受けて、問題点や改善点を指摘するというものです。

チェック項目には、「店のトイレはきちんと清掃されているか」「温かい商品はきちんと温かい状態で出しているか」「店員の接客態度はきちんとしているか」「注文をしてから料理が出てくるまでの時間は適切か」などがあります。

ミステリーショッパーの仕事を発注するのは、ファミリーレストランやコンビニエンスストア、スーパー、美容室、喫茶店、居酒屋、衣料店、ガソリンスタンド、自動車ディーラー、エステティックサロン、金融機関、携帯電話ショップなどです。業種は多岐にわたりますが、依頼がいちばん多いのはやはり飲食店の業界になります。

マクドナルドやワタミ、牛角、すかいらーくなどの有名外食チェーン店では頻繁にミステリーショッパーを使った調査が実施されています。

案件にもよりますが、ミステリーショッパーとなった主婦は、お店を訪問してから2日以内に調査結果をレポートにまとめて提出しなくてはなりません。レポートは150字ぐらいにまとめます。ただし、店内でのメモ書きは、身分がバレてしまう恐れがあるので禁止されています。

仕事の感想を記入する欄に、ポップな感覚で「よかった♡」とだけ書いても報酬はもらえません。レポートに不備があるとみなされてしまうからです。

なぜ企業がミステリーショッパーを活用するかといえば、調査結果をもとに消費者のニーズにあった商品やサービスが提供できるというメリットがあるためです。また、店員のモラルの向上、店舗運営の均一化といった功果も期待できるでしょう。

全国展開する、あるエステ店では、外部の調査会社に発注してミステリーショッパーの点数を競う大会を行なっています。調査期間中、各店に3回、一般客を装った覆面調査員が訪れて、電話予約から施術が終わってお見送りするまで100項目をチェック、各店の「おもてなし指数」を競うというものです。

それでは、ミステリーショッパーの仕事はどれぐらいの収入になるのでしょうか。実際に商品やサービスに支払った金額（レシートを提出）と、報酬として1000円～2000円がもらえます。

報酬の金額はたいしたことはありませんが、主婦にとっては、自分の興味ある商品やサービスをタダで提供してもらえるという点が大きな魅力になっています。「痩身エステのサービスをタダで受けられるうえに、追加で1000円ももらえちゃうなんてラッキー」といった感覚です。

家計が苦しい奥さんの場合には、飲食店のミステリーショッパーをすれば、食費を節約できるので、お得感を強く感じることができます。

もし、あなたの奥さんがこの仕事をやってみようと思うなら、ミステリーショッパーを手がける企業がホームページなどで調査員を募集しているので、さっそく応募してみるといいでしょう。インターネットのサイト上で奥さんが希望する調査を選んで応募すると、メールで調査依頼書が送られてきます。

ただ、ミステリーショッパーは主婦の間では大人気のアルバイトになっているので、応募したからといって必ず当選するというわけではありません。

「どうしても当選しなければこまる」というせっぱつまった状況にあるなら、応募の際に記入するコメントに意気込みなどを、ていねいに書くといいでしょう。また、せっかく当選しても冷静で客観的な観察眼がないと、すぐにクビになってしまいます。

「ミステリーショッパーの仕事で居酒屋に行ったら、そこでダンナが知らない女と一緒に食事をしているのを見つけてしまった」

たとえ、こんな場面に遭遇しても、調査員の役割をまっとうするだけの図太い神経が必要です。

第二章

「やる気ひとつでできる」お仕事

RECRUITING

謝罪代行

JOB DESCRIPTION

- 1謝罪2万5000円(ただし直接謝罪)
- 要清潔感込み容姿、端麗土下座姿必須
- 百戦錬磨の処世術が得意のお父さんの本領発揮仕事。手紙、電話から土下座まで、謝りまくって高収入ゲット。

処世術にたけたお父さんにオススメの裏ハロ仕事があります。

それが「謝罪代行業」のビジネスです。謝罪代行業というのは、その名のとおり、人に代わって、ひたすら頭を下げて謝るビジネスのことです。

実は、謝罪は取引先の信頼を獲得するうえで、非常に効果的であることが米国のハーバード大学が行なった実験で証明されています。

この実験は、男性俳優が65人の知らない人(うち女性が30人)に対し、雨の降る駅でひたすら「携帯電話を貸してください」とお願いするというものです。前半はただ「電話を貸してください」と言ってお願いするのですが、後半は「雨なのに申し訳ないが……」と、謝罪の言葉を一言つけ加えてから本題に入るようにします。

実験の結果、前半に携帯を貸してくれた人はわずか9パーセントに過ぎなかったのですが、後半になって「雨なのにすみません」というセリフを一言つけ加えただけで、約半数の人が携帯電話を貸してくれたということです。

このように、謝罪は人間関係を円滑にするうえで重要なのですが、悲しいかな、今の世の中では、社会人としての責任の取り方や謝罪のしかたがよくわからない人たちや企業が増えています。

たとえば、メディア対応の専門誌「広報会議」が、2015年に発生した企業・団体の不祥事や謝罪に関し、全国の男女（20代以上）500人を対象にアンケートをとったところ、最も印象が悪かったワースト謝罪は、1位が「旭化成建材、三井不動産ほか傾きマンション問題」（67・2パーセント）、2位が「マクドナルド異物混入問題」（39・2パーセント）、3位が「東京五輪エンブレム撤回問題」（35・2パーセント）となりました。

とくに、20代、30代といった若い世代で謝罪がうまくできない人が増えています。若い世代では、人に謝ることはカッコ悪いと考える傾向があるようです。

「相手に謝ると、図に乗ってくるから謝りたくない」「謝ると、勝負に負けた感じがする」「自分から謝るというのはプライドが許さない」と本気で考えている若者も少なくありません。こうした人たちが謝罪代行業に依頼をして、問題の解決を図るようになっているのです。

また、最近ではメールなどの証拠が増えて、店の対応などに怒った客が裁判を起こすケースも出てきているので、裁判沙汰になる前に謝罪代行業者にお願いしてなんとかしてもらおうといった目的もあります。

ここまで読んだお父さん世代は「仕事でミスをして取引先に謝りに行った苦い経験が、そのまま仕事に生かせるのか。こんな仕事なら、元手もいらないし簡単に始められそうだ」と思うかもしれません。

しかし、お金をもらって商売をするからには、謝罪ひとつでも、かなり高度な技術が要求されます。

プロの謝罪代行業者は相手の怒りを静めるためなら、土下座やウソ泣きも厭いません。わずか1分の間に涙を流す技術も備えています。愛犬の死など、過去の悲しい思い出を思い浮かべることで、涙がすぐに出るようスタンバイしているそうです。

人に謝罪するというのは、簡単なようで実は非常にむずかしいものです。ひたすら「すみません」を繰り返し言えばいいというものでもありません。謝り過ぎると、逆に「いい人」を演じていると思われて信頼を失ってしまうからです。

謝罪代行業の成功事例を紹介しておきましょう。ある衣料専門店にお客様から商品に関するクレームが入りました。電話の内容から判断して、ただのクレーマーのようです。電話対応した女性社員は、お客様に「この店の従業員はろくに謝罪もできないのか？」と、ひどい言い方をされて泣いてしまいました。

そこで、この衣料専門店は、謝罪代行を依頼することにしました。謝罪代行業者は、菓子折りを持って、お客様のご自宅を訪問。お客様に誠意を尽くして謝罪し、菓子折りを渡して商品を回収、どうにか円満に解決することができたということです。

では、謝罪代行のビジネスでどれぐらいの稼ぎになるのでしょうか。

謝罪代行業の料金には決まった相場があります。手紙や電子メールなど文書による謝罪の場合は1件あたり1万円ぐらいです。

また、電話による謝罪も1件あたり1万円ぐらいになります。相手先を訪問して直接謝罪をする場合には2万5000円ぐらいで、別途出張費が出ます。謝罪の内容によって金額は多少前後します。

もし副業として謝罪代行業をやってみようと思うお父さんがいたら、地元の商店街に頻繁に顔を出して、自分がいかにお詫びするのがうまいかをアピールし、何かあったときには声をかけてほしいと営業しておくといいでしょう。ただし、あなたが誰かの代理で謝っていることが相手にバレたら、解決する問題がさらにこじれてとんでもない事態になってしまうので、くれぐれも用心してください。

RECRUITING

告白代行

JOB DESCRIPTION

- 1告白4万円（交通費別）
- 告白力必須、カミングアウト系告白割増
- 肉食系のカサノヴァお父さんにうってつけの仕事。恋愛相談受けたり、きちんと告白代行できれば高収入。

生涯で1000人もの女性とベッドをともにしたといわれる中世の作家、ジャコモ・カサノヴァ。今回は「若いころは、押しの一手で、数々の女性をオトしてきた」というカサノヴァお父さんにピッタリの裏ハロ仕事を紹介しましょう。それが「告白代行サービス」です。

世の中で草食系男子が増加するなか、好きな人ができたのに、勇気を出して告白できないという悩みを抱える若者は多くなっています。そんな悩みを解決するのが「告白代行サービス」なのです。

具体的な仕事内容は、たとえば毎朝、駅やバス停、公園、コンビニ、通学路などで見かける

あの女性に告白したいけれど、勇気が出なくてどうしても自分からは声がかけられない、そんなシャイでピュアなハートを持った若者の代わりに、相手に声をかけて、デートや告白のきっかけをつくってあげるというものです。

また、依頼者に恋愛のアドバイスをしたり、効果的な相手の誘い方を教えるといったオプションもあります。ただし、告白の結果を保証するものではありません。

自分の身の回りに好きな人に告白できず悩んでいる若者がいたら、「告白代行サービス」の提案をしてみたらどうでしょうか。

ちなみに、料金は1人あたり4万円ぐらいで請け負うケースが多くなっています。交通費やその他の必要経費は別途請求することができます。料金はかなり高額となっていますので、代理告白が失敗に終われば、依頼者から恨みを買う恐れもあります。お父さんは、安易な気持ちで引き受けるのではなく、代理告白が成功するよう、心理学の知識なども駆使しながら、告白の日時や場所、文言などについて綿密な計画を立てる必要があります。

もうひとつ「告白代行サービス」に似た副業で、「カミングアウト代行サービス」というのもあります。

こちらは、ゲイやレズビアンなど同性愛者の方を対象として、好みのタイプの同性の人と出会ったが、なかなかカミングアウト・告白できない人のために、メールや手紙で本人に代わって気持ちを伝えてあげるというものです。

ちなみに、ゲイの世界では、なかなか思いを伝えられず、待ってばかりいる人のことを「待ちコ」と呼んでいます。

このサービスのいいところは、自分の匿名性を確保したまま告白できるので、依頼者はカミングアウトや告白が失敗したときのリスクを負わなくてもいいという点です。1回あたりの料金は1000円程度で、利用者にとってはリーズナブルといえます。

カナダ・モントリオール大学系列のラフォンテーヌ病院のチームの研究によると、自分の性的嗜好についてカミングアウトした同性愛者は、カミングアウトしていない同性愛者よりもリラックスしているということです。

このような研究結果もあるので、「カミングアウト代行サービス」を利用すれば、「待ちコ」であっても精神的な安定感が得られることでしょう。

さて、忘れてはならないのは多くのゲイの心は「乙女」そのものであるということです。ノンケのお父さんがこの仕事をする場合、「待ちコ」のA君から依頼が来たとすれば、彼の「乙女心」に配慮をしながら、次のような手紙やメールを代理で送ってあげるといいでしょう。

「僕はCさんと同じマンションの住人でB（仮名）と申します。突然の手紙を差し上げますご無礼をお許しください。先日、ある雑誌を読んでいたところ、『匿名で同性に告白できるサイト』

告白してOK

報酬 4万円

告白して「友だちから」

報酬 2万円

告白したら自分がOK

クビ

が紹介されていたので、勇気を出してこのサイトに依頼をしてみました。マンションのエレベーターで偶然会ったとき、快活に挨拶してくださって、まことにありがとうございます。服装もとてもセンスがよくて、自分の心の中ではCさんはもしかするとゲイなのかなあと思っていました。僕は金融関連の仕事をしていて一人暮らしです。Cさんが僕と同じゲイだったら、とてもいい友達になれる気がするのです。ちなみに恋愛感情というものではなく、友達になりたいだけです。自分はいま付き合っている彼氏もいますので、心配しないでください。ゲイなのかそれとも異性愛者なのかだけでも教えていただくわけにはいかないでしょうか。それさえわかれば自分の中のモヤモヤが吹っ切れてスッキリできそうです。もしCさんが異性愛者でしたら、そのときはお友達になることはキッパリあきらめます。」（某サイト上に掲載されていた例文を筆者がアレンジして掲載）

これだと、男性特有の荒々しさもなく、「勇気を出して」というところで見事に「乙女心」が演出されています。

ゲイの使う言葉を「おねえ言葉」と呼びますが、うっかり「おねえ」を使うと成功するものも失敗となるので要注意です。語尾の「だわ」「よね」など、依頼者を気遣うあまり、専門用語を駆使するのはタブーなのです。目的はカミングアウトと友人関係を求めることくらいにとどめておくといいでしょう。

RECRUITING

万引きGメン

JOB DESCRIPTION

●時給900円〜1000円
●学歴不問、悪人相不可、正義感必須
●正義感の強いお父さんにこそやってほしい仕事。無口で不器用な高倉健さん風だと、さらにこの仕事向きです。

「自分は真っすぐで曲がったことが大嫌い！」「小さいころからヒーローに憧れている」という正義感の強いお父さんにオススメの裏ハロ仕事があります。

それが「万引きGメン」のアルバイトです。

「万引きGメン」というのは、警備会社に雇われた私服保安員のことで、百貨店、スーパー、書店、ホームセンターなどで万引きの監視をします。

ごく普通の主婦や中高年のお父さんがお客さんのふりをしつつ、店内で鋭く目を光らせて万引き犯を捕まえるのです。

「万引きGメン」の「Gメン」てなんだろう、と疑問に思う人もいるかもしれませんが、「Gメン」

というのは、「Government Men」の略称で、政府の役人という意味で使われています。

ドラマなどで「万引きGメン」が万引き犯を捕まえるカッコいいシーンを思い浮かべて、この仕事にあこがれるお父さんも多いと思いますが、万引き犯に声かけするには、①自分の目で店内にある商品を盗むところを見る②その商品をどこかに隠すか持ち去る③お金を払わずに店外に出て行った、という3つの条件をクリアしなくてはなりません。

「Gメン」と呼ばれますが、公的な資格はなく、東京都内であれば、30時間の警備業法の講習や取り押さえ方の研修を受けると「万引きGメン」として活躍できます。

万引き犯を捕まえるにあたっては、鋭い観察力が必要になります。ずっと客を監視して、その挙動を一瞬たりとも見逃さないようにしなくてはならないので、集中力や忍耐力も必要になるでしょう。あらかじめ「万引きをしそうな人はこういうタイプの人」といった先入観にとらわれないようにすることも大切です。

万引きを絶対にしそうもない人が万引きをするといったケースは、お父さんたちが思っている以上に多いのです。

常習の万引き犯は、すぐに「万引きGメン」を見破ってしまうため、1日のうちに何回か服装を変える必要もあります。

万引きが深刻な社会問題となるなか、「万引きGメン」への需要は年々高まっています。警察庁の資料によって、万引き被害の認知件数をみると、99年以降急増しており、直近の2015年は11万7333件となりました。

しかもこの数字は警察が把握している事件に限ったものなので、実際の万引き被害はさらに多いとみられます。

あらゆる小売店は少なからず万引きの被害を受けており、書店の場合、万引きの被害額は売上高の1〜2パーセントにも相当します。小売店にとって「万引きGメン」はなくてはならない存在になっているのです。

では、「万引きGメン」のアルバイトはどれぐらいの収入になるのでしょうか。時給は900円〜1000円ぐらいで、普通のバイトと大差ありません。

金銭面ではこの仕事にあまり魅力を感じないかもしれませんが、けっして悪を許さない、正義を貫くことができるという「やりがい」が、この仕事のいちばんの魅力となります。

なお、思っていたよりも収入が少ないからといって、自分自身がダークサイドへと落ちることのないように、くれぐれも注意してください。ダークサイドに落ちてしまった「万引きGメン」の事例は枚挙にいとまがありません。

たとえば、2016年3月29日には、ある「万引きGメン」(55歳の女性)が、大型スーパーの買い物客の手提げカバンから財布を盗んだ容疑で逮捕されました。

財布には現金2万5000円が入っていました。この女は「買い物カートの上に置いてあったカバンの口が開いていて財布が見えていた。そんな無防備な人はこまらせてやろうと思った」と供述したということです。よりによって「万引きGメン」が勤務中に窃盗で捕まるとは、なんともイタい話です。

最後に、「万引きGメン」のアルバイトには向き不向きがあるので、どんな人が向いているのかをはっきりさせておきましょう。

日ごろから会社や家庭で大口をたたいているお父さんはこの仕事に向いていないので、あきらめて別のバイトを探してください。

というのも、ドイツのコブレンツ＝ランダウ大学の調査で、普段から大口をたたいている人ほど「泥棒を許せない」と公言するものの、実際に泥棒に遭遇すると、ビビッて何もできないことがわかったからです。いざというときに頼りになるのは、むしろ普段は物静かで根暗な人のほうだということです。

さあ、この本を読んでいるお父さんたち、自分の胸に手を当ててみましょう。自分が高倉健さんのように無口・不器用なタイプだと思う人には、「万引きGメン」の仕事はうってつけといえるでしょう。

万引きを
つかまえる

時給 1000円

万引きを
逃す

時給 500円

自分が
万引きする

逮捕

RECRUITING

怒られ代行

JOB DESCRIPTION

●時給9000円
●学歴不問、要相槌力、Mっ気必須
●ドM気質をもてあますお父さんにオススメの代行業。電話でののしられても、じっと耐えれば立派な仕事です。

「人から罵倒されても気にしない、いやむしろ罵倒されたい」「会社の仕事でミスをしたとき、女性の上司に人前で罵られると、怒りよりも喜びを感じてしまう」「妻から罵倒されているうちに、屈辱感がいつのまにか快感に変わってしまった」という根っからのドM気質のお父さんに、オススメの裏ハロ仕事があります。

それが「怒られ代行」です。

「怒られ代行」というのは、ストレスに満ちた現代の世相を反映したサービスで、ストレスの蓄積した人に罵倒してもらい、相手をすっきりした気分にさせてあげるというものです。

ドイツでは「罵倒しちゃおう！」というテレフォン・サービスが実際に存在し、一部のマニアの間で人気を博しています。「罵倒しちゃおう！」は1分間1・49ユーロ（1ユーロ＝113円で計算すると約168円）でサービスが提供されています。

この仕事をする人は、電話中、依頼者の罵倒やののしりをひたすら聞いてあげます。もちろん、料金をとっているので、罵倒している人がいい気分になれるような工夫も必要です。具体的には、ただ黙って罵倒を聞くだけではなく、絶妙なタイミングで相槌を打つといった演出を行ないます。

「罵倒しちゃおう！」のサービスを利用する人は、低賃金と不安定な雇用でなにかとストレスが溜まりやすい非正規社員が多いということです。

もし、ドM気質のお父さんが個人で「怒られ代行」の裏ハロ仕事をするのなら、ご近所で日ごろからストレスが溜まっていそうな奥さんに声をかけてみるといいでしょう。

実は、かつての日本では「怒られ代行」よりさらに過激な仕事がありました。それが「殴られ屋」という稼業です。「殴られ屋」の仕事は、反撃をいっさいせずに、ただひたすら人に殴られるというものです。報酬は1分あたり1000円です。時給に換算すれば6万円にもなるのですが、素人がやるには、危険度が高すぎる仕事です。

元プロボクサーの晴留屋明さんが、借金返済のためにこの仕事をしたことがありました。新宿の歌舞伎町で「さあ、どうぞ私を殴ってください！」と声かけして、道行く人に殴られていましたが、人から殴られ続けているうちに身体に変調をきたしたため、しかたなくやめることになりました。

「殴られ屋」として活動するには、やはり鍛え上げられた肉体とパンチの衝撃を和らげる高度な技術が必要でしょう。

現在は、「殴られ屋」をやっている人は日本にはいないとみられます。それほどリスクの高い仕事ということですが、逆に考えれば、いま、身の危険を顧みないお父さんが「殴られ屋」の仕事を始めれば、人を殴りたいぐらいにストレスの溜まった人たちからの依頼が殺到し、大金を稼げるチャンスがあるということです。

「怒られ代行や殴られ屋は、過激過ぎて自分には向かない」という、Mっ気のまったくないちょっとワガママなお父さんには、「怒られ代行」と似たビジネスで、それをもうちょっとソフトにしたビジネスがあるので、それを副業にしてみるといいかもしれません。

そのビジネスとは、電話やスカイプ越しに相手の愚痴を聞く「愚痴聞きビジネス」というものです。自宅で寝ころびながら、ただ相手の話を聞いて、適当に相槌を打っているだけでお金が入ってきます。「愚痴聞きビジネス」をしている人は「リスニングスタッフ」とか「傾聴スタッフ」と呼ばれています。

依頼者が話す愚痴の内容は、健康、恋愛、仕事、友人関係、夫婦関係、子育てまで、多種多様です。

お父さんが自分の意見を言ったりして、依頼者の抱える問題を解決する必要はなく、ただひたすら依頼者の愚痴を聞いているだけでいいのです。依頼者は誰かに愚痴を聞いてもらえれば、それだけでストレスが解消されるので、それほどたいねいな対応をしなくても大丈夫というわけです。

よくお酒の席などで、「オレの若いころは～」、「最近の若いもんは～」、「昔はなあ～」と熱く語り始めるお父さんがいますが、このタイプのお父さんは「愚痴聞きビジネス」にはいちばん不向きといえます。

「無縁社会」と呼ばれるように、地域コミュニティが形骸化してしまい、人と人との関係が希薄になって孤独感を強める人が増えていることが、「愚痴聞きビジネス」を繁盛させる要因になっていると考えられます。

時給は900円ぐらいで、普通のバイトと大差ないのですが、お父さんが自分で積極的に営業をかけて依頼者の数を増やしていけば、月収6万円の副収入も夢ではないでしょう。

以上、いくつかの裏ハロ仕事を紹介してきましたが、Mっ気のあるお父さんにとってのビジネスチャンスは、たくさんあるといえそうです。

RECRUITING

着ぐるみ

JOB DESCRIPTION

- 時給1000円〜1500円
- 体重不問、ゆるキャラ系推奨、減量確実
- メタボお父さんの悩みも解消する仕事。着ぐるみに入るだけでみるみるダイエットできる一石二鳥仕事です。

今回は、日ごろからメタボ体型に悩んでいて、「よしっ、今度こそ痩せるぞ！」と決意してスポーツクラブに通い始めても三日坊主で終わってしまい、どうしても痩せることができない、そんな万年ポッチャリでお悩みのお父さんに向けて、オススメの裏ハロ仕事を紹介しましょう。

それが「着ぐるみ」のアルバイトです。

ひとくちに「着ぐるみ」といっても、大きく分けて2つのカテゴリーがあります。

ひとつは、戦士や戦隊などアクション系の「着ぐるみ」です。こちらは、悪の組織の戦闘員たちとの格闘シーンの連続で、千葉真一さんや真田広之さん並みの機敏な動きと高度なアク

ション技術が求められるため、そもそもの話、ポッチャリのお父さんが出る幕ではありません。慣れないアクションに無理やり挑戦すれば、骨折などの大けがをする恐れもあります。

ポッチャリのお父さんにオススメなのは、もうひとつのカテゴリー、癒し系の「着ぐるみ」のほうです。

癒し系は、大型商業施設やレジャー施設、イベント会場などで「ぬいぐるみ」を着て歩き回り、来場者に風船などを配って、その場を盛り上げます。

アクション系のようにハードかつスピーディーな動きは求められません。そのかわり、徹底した「お・も・て・な・し」の精神が求められ、家族連れやカップル、子供たちからのリクエストがあれば、握手や記念撮影にも応じます。

癒し系の場合、若い女性にハグされるといった、うれしいハプニングに遭遇する可能性もあります。「カワイイぬいぐるみに癒されたい」という気持ちでハグを求める若い女性は、まさか、カワイイぬいぐるみの中の人が汗だくのポッチャリお父さんだとは夢にも思わないことでしょう。

ただし、くれぐれも調子に乗って「お姉ちゃん、カワイイね！」などとオッサンの地声を出さないようにしてください。癒し系の着ぐるみバイトでは、決して声を出してはいけないという鉄の掟があるのです。

着ぐるみバイトは、声を出さず、中に人がいることを周囲の人に悟らせず、夢を運ぶことが重要なのです。

「いまさらいい年をしたオッサンが着ぐるみのバイトなんて」と思うかもしれませんが、実は、癒し系の「着ぐるみ」のアルバイトは、近年、日本各地で求人数が急増しています。というのも、「くまモン」や「ふなっしー」「ひこにゃん」「せんとくん」「バリィさん」など、各地の自治体がこぞってご当地PRキャラクターのゆるキャラをつくっているからです。いまや、ゆるキャラの数は全国で数千にも上ります。地域おこしのイベントや各種のキャンペーンでは、客寄せのためにゆるキャラの「着ぐるみ」が必要不可欠になっているのです。

しかも「着ぐるみ」のアルバイトは、基本的に土日・祝日など休日の求人が多いので、平日は朝から晩までいそがしいサラリーマンの裏ハロ仕事にピッタリといえます。

気になる報酬ですが、時給にすると、1000円～1500円になります。普通のアルバイトより少し高めといった程度で、金銭面ではこの仕事にそれほど魅力はないかもしれません。

ただ、ポッチャリのお父さんにとっては、フィットネスクラブやスポーツクラブに通い、お金を払ってダイエットするのではなく、お金をもらってダイエットができてしまう、まさに「一石二鳥」のアルバイトなのです。

長時間にわたって重たい「着ぐるみ」を着て歩き回り、飛んだり跳ねたりしていると、汗びっしょりになります。サウナに入っているのと同じで、相当な量のカロリーを消費することになり、たったの1日で体重が数キロも減ってしまうこともあります。

もし、日中の最高気温が35度を超えるような酷暑の夏に「着ぐるみ」のアルバイトをするなら、夏が終わるころには、みごとダイエットに成功、CMに出演している赤井英和さんのビフォア・アフターより劇的な変化を遂げている可能性が高いといえます。街で偶然知り合いに会っても、あまりにシュッとしたお顔立ちになっているので、友達はあなただと気がつかないかもしれません。

ただし、ポッチャリのお父さんにくれぐれも注意してほしいのは、十分な水分補給です。スポーツドリンクや水できちんと水分補給しておかないと、バイト中、熱中症による脱水症状に陥ってしまう危険性があります。

もっと怖いのは、アルバイトが終わったときの達成感です。「着ぐるみ」のバイトを終えた達成感から「がんばった自分へのご褒美」として、帰りがけにビールをごくごく飲み、お腹がすいたので食事をいつも以上にガッツリ食べてしまうというお父さん。

こんなことをすれば、あっという間に体重が元に戻ってしまい、しかも、バイト代も吹き飛んでいきます。「二兎を追う者は一兎をも得ず」になってしまうので、注意が必要でしょう。

RECRUITING

官能小説・朗読

JOB DESCRIPTION

- 1回（50分）3000円〜5000円
- 選考上委細面談（美声必須）
- 稼ぎのないお父さんのための奥さんヘルプ編。奥さんがセクシーボイスの持ち主なら迷うことなく朗読へ。

世の中には「自分の稼ぎが少なくて家計がいつも火の車だ」「会社で突然、左遷されてしまい、妻が自分に三行半を突きつけてきた」「実は1カ月前にリストラされたが、どうしても妻に言い出すことができず、毎日公園のベンチでハトに餌をやって時間をつぶしている」など、背中に哀愁を漂わせたお父さんがたくさんいます。

そんな人生真っ逆さまのお父さんは、この際、恥も外聞も捨てて、奥さんにひと肌脱いでもらい、奥さんの副業収入で家計を助けてもらってはどうでしょうか。

もし、あなたの奥さんが人気アニメ『ルパン三世』に出てくる峰不二子ばりのセクシー・ボイスの持ち主なら、官能小説朗読の裏ハロ仕事をオススメしたいところです。

近年、人々の趣味や嗜好が多様化する流れのなかで、官能小説マニアや声フェチの男性が増えています。それを反映して、熟年の男女の間で大盛況となっているのが、官能小説の朗読会です。これは、フェイスブックやLINEなどSNS（ソーシャル・ネットワーキング・サービス）で参加者を集め、選りすぐりの官能小説をみんなで輪読していくというものです。参加者は40代、50代の熟年の男女が多いようです。どの参加者も官能シーンを情感たっぷりに読みます。

ある熟年の貴婦人は、自分の発するみだらな声を朗読会に参加している男性諸氏に聞かれていると考えるだけで、大興奮してしまうそうです。朗読会に参加しているうちに、仲よくなって、そのままカップルが誕生するというケースもあります。

ただし、残念ながら、いくら官能小説の朗読会に参加してもそこでは収入は発生しません。そこで、あなたの奥さんには、官能小説マニアや声フェチの男性客を楽しませる官能小説朗読ビジネスに参入してもらいましょう。

仕事の内容はいたって簡単で、官能小説をひたすら感情を込めてセクシーに音読するだけです。

この副業は大きく分けて2つのパターンがあります。ひとつは、あらかじめ男性向けフェチの専門店に登録したうえで、来店した男性客に直接官能小説を読み聴かせるというものです。

女性は、仕切りのある部屋で、仕切り越しに男性客が選んだ官能小説を読み聴かせます。男性客が女性の体に触れたり、話しかけたりすることは基本的に禁止されています。男性客との直接的な絡みはいっさいないので、安心して副業に励むことができます。

報酬は、1回の朗読（20〜50分程度）につき、3000円〜5000円ぐらいです。ただし待機保障はなく、女性がお店に出向いても、滞在時間中に男性客が1人もつかなかった場合、その日の収入はゼロになってしまいます。

もうひとつのパターンは、プロダクションに登録したうえで、スタジオで官能小説を朗読してそれを録音、通販サイト向けに販売するというものです。こちらは時給制で、1時間あたり2000円〜3000円ぐらいが相場となっています。

なお、この副業をするにあたって、あなたの奥さんが男性客と個別に取引をするのは、リスクが大きいので避けたほうがいいでしょう。

官能小説の読み聴かせがブームとなるなか、LINEやカカオトークなど、いわゆるSNS上で、男性客が個人的に女性に官能小説の朗読をお願いするケースが増えています。

客と直接取引をすれば、お店やプロダクションなどにマージンをとられないので、実収入は増えるのですが、見知らぬ男性のところへ出向くことになるため、性犯罪などに巻き込まれる危険性が高いのです。

最後に、「残念ながら、うちのワイフの声はアニメ『魔法使いサリー』に出てくるよし子ちゃんばりの野太い声なんだよね」というお父さん。「うわあ、やっぱり、オレの人生は真っ逆さまだ」と、あきらめるのはまだ早いでしょう。

奥さんに官能小説を朗読してもらうのがむずかしいのなら、自分で官能小説を書いて、それをヒットさせればいいのです。

自分で官能小説を書く場合、ある程度の文章力・表現力が必要なので、まずはフランス書院のシリーズを片っ端から読んで、「濡れそぼった蜜壺」「しとどに濡れた花弁」「若木の幹のような張り」など、官能小説特有のエロティックな比喩表現を自家薬籠中のものにしましょう。自分で満足のいく官能小説を書き上げたら、投稿小説サイトに登録・投稿して、作品を買ってもらってはどうでしょうか。

あるいは、官能小説を自分のブログ上で発表するという手もあります。ブログを通じて自分の作品をたくさんの人に読んでもらえば、アクセス数が増えるので、アフィリエイト収入が期待できます。

第三章

「特殊な趣味を生かせる」お仕事

RECRUITING

呪い屋

JOB DESCRIPTION

- 1呪い3万円〜5万円（呪術セット5000円別）
- 選考上委細面談（わら人形、陰陽道等知識必須）
- 夜ふかし好き呪い好きのお父さんのための夜の仕事。呪術の勉強は必要だけど、いまやかなり売り手市場です。

今回は「夜ふかしをして妻に隠れてアダルトビデオを見るのが楽しみで、一晩で2、3本は鑑賞する」「テレビを消してベッドに入っても、目がランランとしてなかなか寝つけない」「友人を自宅に呼んで夜遅くから明け方近くまで麻雀をすることが多い」「毎晩、夜のネオン街を飲み歩き、帰宅は午前様があたりまえ」など、いわゆる「夜型人間」のお父さんに、夜の時間を有効活用できる裏ハロ仕事を紹介しましょう。それが「呪い代行」の仕事です。

耳慣れないかもしれませんが、「呪い代行」というのは、「呪い」のプロが、誰かに恨みを持つ人のために丑の刻参り、呪いのわら人形、陰陽道、西洋の黒魔術、アフリカ呪術など各種の呪いを代行するサービスのことをさします。

さまざまな呪術が存在するのですが、呪いの世界でも「クールジャパン」が浸透しているようで、ＯＬたちの間では定番ともいえる丑の刻参りが人気です。

丑の刻参りというのは、白装束で丑の刻（午前1時から午前3時までの間）に神社に行き、その御神木に、憎い相手に見立てたワラ人形を五寸釘で打ち込むというものです。

ワラ人形には、呪いたい相手の髪の毛や爪などを埋め込みます。人を呪っているところは誰にも見られてはいけません。

ただ、実際には丑の刻に、毎晩神社に通って呪術を行なうというのは時間的にかなり厳しいでしょう。

呪いたいほど憎いと思っている上司や同僚、交際相手がいても、普通のビジネスパーソンは早朝に出勤して朝から夜遅くまで仕事をこなさなくてはならず、帰宅してから呪いに出かけるのは、体力的にも精神的にもかなりきつい状況です。そこで専門の「呪い代行」に丑の刻参りの代行を頼むというわけです。現在、「呪い代行」をしている業者は、全国で６００以上も存在します。

もし、あなたが「呪い代行」の副業に興味を持ったのなら、呪術の道具（ワラ人形、白手袋、金槌、五寸釘、蝋燭2本、蝋燭台2個、数珠）を一式そろえたうえ、呪術の解説書を熟読し、呪術の知識を深めるところから始めてみましょう。

道具を自力でそろえるのがむずかしいという場合は、ちょっとセコいかもしれませんが、顧客を装い、同業者から通信販売でこっそり購入するという手もあります。料金は、オリジナルワラ人形と呪術セット一式で5000円ぐらいです。

呪いの準備が十分に整ったら、インターネット上にホームページを開設し、依頼主を募集します。他の同業者よりも目立つには「呪い代行」のサイトもおどろおどろしいデザインにするなどの工夫が必要です。

占いビジネスなどと同様、呪い屋に決まった料金相場はないので、あなたが自由に料金を設定できますが、サイト内で料金などを検索してみると、呪いの代行はかなりの高額で引き受けているケースが多くなっています。

とくに、カリスマ呪術師や呪いの効果が高いと言われる呪術師は高めの料金を設定しています。1回の呪い代行の平均的な価格は、3万円〜6万円程度となっています。

ところで、このビジネスは、呪いを信じる依頼主がいることによって成り立っています。なかには前金で高額の料金を受け取っておきながら、実際には呪いを行なわないといった悪質な業者もいます。

呪いの効果があったかどうかについては客観的・科学的な検証がむずかしいので、業者にとっては依頼主から料金を受け取ってしまえば、あとはどうにでもなるといった側面があるのです。

呪いで
相手の具合が
悪くなる

報酬 6万円

呪っても
相手は
ピンピンしてる

報酬 3万円

呪いで
クライアントが
具合悪くなる

クビ

呪いの効果は1日や2日で出てくるものではないので、しばらく様子をみなくてはいけません。「呪い代行」に依頼して、日ごろ憎らしいと思っている上司を呪ってもらった場合、1週間後に上司が青ざめた顔をして出社してきたら、効果があったと思うかもしれませんが、もしかすると、ひどい二日酔いで顔が青ざめていただけなのかもしれません。呪いの効果の判断は、とてもあやふやであるということです。

仮に呪った相手が死んでしまうようなことがあっても、刑法ではこうした行為を『不能犯』と呼んで、処罰の対象にはなりません。

だからといって、「呪い代行」を始めたばかりの夜ふかしお父さんが、いいかげんな呪いをしていると、「あそこに頼んでもまったく効果がない！」という悪い評判があっという間に広がって、客離れが深刻化する恐れがあります。最近では、さまざまな「呪い代行」の効果を比較するサイトなども出てきていますので、油断は禁物です。

最悪、自分が呪いのターゲットにされて、自分のかつての顧客から依頼を受けた同業者に呪われてしまうといった悲劇が起こるかもしれません。

やはり、実際に効果があるかどうかは別にして、呪いは手抜きをしないほうがいいでしょう。

RECRUITING

隕石ハンター

JOB DESCRIPTION

- 1グラム110万円(ただし月の隕石)
- 選考上委細面談、河原歩き必須、磁石持参
- 世界的なブームに乗ったハンターのお仕事です。とはいっても散歩好きお父さんなら、宝くじより儲かるかも。

みなさんは、つげ義春さんの『無能の人』という漫画をご存知でしょうか。マンガを描くことで生計を立てていくことがむずかしくなった主人公が、元手ゼロの商売を思いつきます。それが、そこらへんの河原で拾った石を並べて売るという商売なのですが、心配したとおり、まったく売れないというようなストーリーです。

今回は「きれいな色をした天然石が大好きで、ヒマさえあれば近所の河原に足を運んで石拾いをしている」「同僚には内緒にしているが、趣味は石拾いで、珍しい形の小石を求めて、あちこちを旅している」「面白い形の石をコレクションしていたら、いつの間にか部屋が石だらけになってしまい、自分の居場所がなくなった」など、つげ義春さんの『無能の人』のよろし

く、さすらいの石集めお父さんにオススメの裏ハロ仕事を紹介したいと思います。

それが「隕石ハンター」の副業です。

ワイルドな印象を受けますが「隕石ハンター」というのは文字どおり、世界中を駆け回って宇宙空間から落下してきた隕石を採集、高値で売却する商売のことです。

近年、世界的な隕石ブームが巻き起こっており、それにともなって本格的な隕石コレクターの数が増えています。現在、世界中で1万人以上の隕石コレクターがいるともいわれ、ネットオークションなどで隕石が盛んに取引されています。

希少性の高い隕石を採集して、それを隕石コレクターに売却すれば、誰でも大金をゲットできるのです。実際、採取した隕石を売却して、大豪邸や高級車を手に入れた「隕石ハンター」はたくさんいます。

それでは、隕石はどれぐらいの価格で取引されるのでしょうか。隕石の値段は、種類や大きさ、希少性、断面の美しさなどによって決まります。また、いつ、どこに落下した隕石なのか、隕石の由来がはっきりしているかどうかも価格に影響を及ぼします。

過去の取り引き事例をみると、モノによっては、軽く金（ゴールド）の10倍ぐらいの値段がつくこともあります。

たとえば、米国アリゾナ州在住のロバート・ヘイグ氏がナイジェリアで入手した3キログラムの火星由来の隕石は、希少性が高いという理由から、なんと1億1000万円という破格の高値で売却されました。

また、米国アリゾナ州在住のマービン・キルゴア氏は、アフリカの西サハラで630グラムの隕石を発見。この隕石は月からのものであることが判明し、1グラム、110万円という値段がつきました。630グラムすべてを売れば、推定7億円にもなる計算です。

では、それまで近所の河原でうつむきながら小石を拾っているだけだった地味なお父さんが、「隕石ハンター」へと成長して一攫千金をゲットするには、いったいどうすればいいのでしょうか。

隕石は砂漠で発見されることが多く、モロッコとアルジェリアの国境にある砂漠で、たくさんの隕石が採集されています。隕石をゲットしようと思ったら、まずは、アフリカの砂漠に行ってみるべきでしょう。

「いきなりアフリカの砂漠に行くのはちょっと不安なので……」といった欲が強いうえにワガママなお父さんは、富山県を流れる上市川や福岡、広島、神戸、茨城などで、過去に隕石が発見されているので、日本にとどまって、そのあたりを探索してみたらいいかもしれません。ちなみに、島根県江津市にある「島の星山」の冷昌寺には「隕石大明神」が祭られています。貞観16年（874年）に山に隕石が落下したという言い伝えがあるのです。寺には太く弓状に曲がった高さ約60センチの石が納められています。

最後に「隕石ハンターになってみたいという気持ちはあるが、河原にはいろいろな石が転がっていてどれが隕石なのか、皆目見当がつかない」というお父さんに、隕石を見分けるコツを教えておきましょう。

隕石は含有鉱物の違いによって次の3つに分けられます。岩石のような「石質隕石」、鉄とニッケルでできた「鉄隕石」、鉄の内部に透明な結晶のある「石鉄隕石」です。

このうち、石を主成分とする石質隕石は、風化が進んでいて普通の岩石との判別がむずかしいので捜索対象からはずしてしまいましょう。

捜索対象を鉄が含まれる「鉄隕石」と「石鉄隕石」に絞ったうえで、磁石にくっつくかどうかを調べて、磁石にくっついて人工物でない形状のものだったら、持ち帰るようにします。

あなたが持ち帰った物体は隕石である確率が高いのですが、念には念を入れて東京・上野の国立科学博物館などの専門機関で鑑定してもらいましょう。

苦しい生活を余儀なくされていた「無能の人」が一転、億万長者の「有能の人」へと大化けするのが、この仕事のロマンなのです。

火星の石ゲット

報酬 **1億1千**万円

月の石ゲット

報酬 **7億**円

普通の石ゲット

無能の人

RECRUITING

性感マッサージ・セラピスト

JOB DESCRIPTION

- 1マッサージ7500円〜1万5000円
- 50代歓迎、マッサージ技術、トーク術必須
- 主婦層にひそかに大流行中のマッサージ。奥さんにいつもマッサージさせられるお父さんにぴったりの仕事。

「夜、寝る前にいつも愚痴を聞かされながらワイフの肩や背中、足の裏をマッサージさせられている」という奉仕させられお父さんはいっそのこと、裏ハロ仕事として女性向け性感マッサージの店で働いてみてはどうでしょうか。

実は、いま女性向け性感マッサージは出張ホストと並んで、40代のマダムを中心に大人気のサービスとなっています。

なぜかといえば、この世代の女性は性的に欲求不満になっているケースが多いからです。性欲は、男女とも男性ホルモンの一種であるテストステロンの分泌量が増えることによって高まるのですが、女性は40代になってからも、ある程度のテストステロンの分泌量が続くのに対し

て、男性のテストステロンの分泌量は10代～20代のころがピークで、それ以降は徐々に減っていきます。

つまり、年の差があまりない熟年夫婦の場合、妻は性欲が旺盛なのですが、夫は性欲が減退気味ということになって、夫婦間で性欲のギャップが生じやすいのです。

実際、「草食化」「絶食化」した夫が夜のお相手をまったくしてくれないので、お金を払って、出張ホストや女性向け性感マッサージ店で、日ごろの性的な欲求不満を解消するといったマダムは少なくありません。

夫も「浮気や不倫はこまるけれど、性風俗のサービスなら」ということで、しぶしぶ了承することが多いようです。なかには、夫がお金を払って、妻にそういったサービスをプレゼントするケースもあります。

もし、あなたがこの仕事に興味を持ったなら、女性向け性感マッサージ店が自社のホームページなどで男性セラピスト（施術師）を募集しているので、さっそく応募してみましょう。

募集年齢は20代～40代ぐらいの店が多いのですが、セラピストとしての技術が確かなものであれば50代であっても余裕で採用してもらえます。

独立志向が強く、いきなり個人で開業して、女性向け性感マッサージのサービスを提供しているお父さんもいます。

世の中には、男性向け性感マッサージのサービスも多数ありますが、女性向け性感マッサージとの大きな違いは、男性向けが多数のセラピストが登録されている店が多いのに対して、女性向けは個人経営の店が多いという点です。

男性は性風俗で遊ぶときに快楽だけを追求するので、自分の快楽をより高めるために女性の容姿にこだわり、複数の風俗嬢から好みの女性を選り好みする傾向があります。だから、多数のセラピストが登録されている店が多いのです。

しかし、女性の場合は、男性と違って性風俗で遊ぶときにひらすら快楽だけを追求するわけではありません。

快楽よりも、セラピストとの個人的な関係性に重きをおいており、セラピストの容姿は、関係性を求めるにあたってさほど重視されていないのです。ですから、個人経営の店であってもまったく問題ありません。

ただ、リピーターを獲得するには、ある程度の社会的な信用が必要なので、最初は有名店に登録する形をとったほうがいいでしょう。個人の場合、客の女性に性的な乱暴をしたり、施術の途中からなぜかSMプレイに突入するといった悪徳業者もまぎれ込んでいるので、社会的信用を獲得するまでにかなりの時間を要します。

それでは、お店に登録する形でこの仕事をする場合、どれぐらいの報酬になるのでしょう。

店によってまちまちなのですが、平均すると、1回の料金は2時間で2万5000円ぐらいが相場となっています。

料金の30〜60パーセントがセラピストの報酬になるので、1回の施術で7500円〜1万5000円をゲットできる計算です。

その他の副業に比べれば、かなり割のいい仕事といえるでしょう。週1回でも大丈夫ですし、1日数時間でもあいている時間があれば仕事をすることが可能なので、本業のあるサラリーマンでも副業にしやすいといえます。ただし、お客様をお待たせしないよう、時間厳守は必須となっています。

ちなみに、出張性感マッサージでは、セラピストがお客様と待ち合わせをして、そこからホテルに行くパターンをとることが多いのですが、ホテル代（7000円〜1万円ぐらい）もお客様の負担となっています。予約（指名）が入ったら、店の受付スタッフから連絡がきて、お客様との待ち合わせ場所へ直行します。日ごろは自宅待機可能で、事務所待機の必要もありません。

女性客からの指名が殺到する人気セラピストになるには、マッサージの腕前が一流というだけでなく、施術中のトーク力も求められます。日ごろの奥さんへの奉仕生活によって培った「聞く力」を遺憾なく発揮するチャンスといえます。

RECRUITING

カエルの養殖

JOB DESCRIPTION

●キロ1200円～1500円以上
●初期投資35万円必要、カエル部屋必須
●カエル好きお父さんなら、うってつけ。飼育は簡単で即高収入、社会貢献にもなる立派な仕事だったりします。

「何を隠そう世の中でいちばん好きな動物はカエルだ」「ストラップやキーホルダーは必ずカエルをデザインしたものを使っている」「カエルの鳴き声を聞くだけで癒される」「公園でカエルの写真を撮るのが唯一の趣味だ」「世間では猫が人気でネコノミクスという造語も登場しているが、自分的にはカエルノミクスだ」など、熱烈なカエルのファンは意外に多いものです。2016年5月には、カエル好きのための写真集『世界のキレイでかわいいカエル』（パイ インターナショナル）も発売されました。さまざまな種類のカエルが約160点の写真で紹介されており、カエル好きにはたまらない一冊といえるでしょう。

ペットにしたいぐらいにカエルが大好きというお父さんがいたら、いっそのこと、カエルの養殖ビジネスを手がけてみてはどうでしょうか。

ひとくちにカエルといっても、トノサマガエルやアマガエル、ヒキガエル、アオカエル、アカガエルなどさまざまな種類が存在します。

そのなかで、養殖ビジネスに適しているのは「アフリカツメガエル」というカエルです。その名のとおり、アフリカ大陸の中部から南部にかけて生息しており、体長は5～12センチメートル。体の色は褐色で、後ろ足にある5本の指のうち3本に黒いツメがついているのが特徴です。昔、一世を風靡した「ウーパールーパー」のようなクリっとした目をしていて、とても愛嬌があります。

なぜアフリカツメガエルが養殖に適しているかといえば、実験動物として世界中で需要が高まっているという事情があります。

意外と知られていませんが、アフリカツメガエルを使った実験でクローン技術が発展し、環境ホルモンやがんの基礎研究も進んだのです。

現在も各地の大学、研究機関、自治体などに研究材料や解剖実習用としてたくさんのアフリカツメガエルが販売されています。これまでは専門の養殖業者が生産・販売してきましたが、アフリカツメガエルの需要の高まりで、養殖業者の自己生産だけでは間に合わない状況になっています。

アフリカツメガエルの飼育は、いたって簡単です。プラスチックの水槽に水を入れただけの設備で飼えるので、ペットの世話に十分なお金と時間がかけられない人でも安心です。水槽がない場合は、衣装ケースに水を貯めるだけでも大丈夫です。狭い部屋に住んでいるお父さんでも心配することはありません。狭いところでも十分な数を飼育することができます。鳴くこともないいため、建つけの悪い部屋で大量に飼育しても近所迷惑になりません。エサは生餌でなくても大丈夫です。

もし、あなたが、この副業を始めてみようかなと思ったら、とりあえず、実験動物の養殖・販売業者に連絡して養殖のセットを送ってもらいましょう。オスとメス12匹ずつで、35万円ぐらいの初期費用がかかります

「初期費用がけっこうかかるんだな。投資した資金をきちんと回収できるか心配だ」と思うかもしれませんが、オスとメスに生殖腺刺激ホルモン剤を注射すると、一度に700個〜2000個の卵を産むようになります。

最初のうちは、卵のふ化に失敗することもありますが、慣れてくると瞬く間に成体（親カエル）の数を増やせます。成体を増やしてどんどん売りさばいていけば、早い段階で初期投資の費用は回収可能です。

あとは、あなたの努力と工夫で高収入に結びつけてほしいと思います。アフリカツメガエル

は、すっかり干上がったあなたの人生に潤いをもたらす「褐色のダイヤモンド」になる可能性を秘めています。

自分が愛情をこめて育てたかわいいカエルたちが実験に使われるのは心苦しいと思うかもしれませんが、ものは考えようです。実験用にカエルを提供することで社会や医療、バイオ分野の発展、こまっている人たちや日本の科学に貢献できるので、社会的に意義のある副業と言えるでしょう。

最後に、ひとつだけ注意点を指摘しておきましょう。最近では、サイドビジネスとして個人でアフリカツメガエルを養殖する人が増えてきており、需要と供給のバランスの関係から、アフリカツメガエルの買い取り価格は下がってきています。90年代には、生体1キログラムあたり3000円ぐらいで買い取ってもらえたのですが、現在は1キロあたり1200円〜1500円で取引されているようです。

アフリカツメガエルで生計を立てようとしたら、かなりの数を飼育・出荷しなければならないわけです。

いくら小スペースで飼育可能とはいえ、場合によっては、お父さんの居住スペースがアフリカツメガエルたちに侵略されていくかもしれません。

RECRUITING

ゲーム実況

JOB DESCRIPTION

● 年収1000万円以上（ただし、ワンクリック0・1円）
● 選考上委細面談、学歴不問、要ゲーマー体質
● ゲームにハマったことのあるお父さんにおあつらえむきの仕事。こつこつ稼げば3ケタ4ケタはすぐです。

懐かしい青春時代に「ギャラガ」や「ドンキーコング」、「ロードランナー」、「スーパーマリオブラザーズ」、「ストリートファイターⅡ」といったゲームにハマッた経験のあるお父さんは多いのではないでしょうか。

当時は、アーケードゲームの全盛期で、よく100円玉を汗で濡れるほど握りしめた若者たちが、ゲームセンターの前に長い列をつくって順番待ちをしていたものです。現在は、家庭用ゲーム機が普及しているので、休日には、ご自宅でお子さんたちと一緒に最新のゲームを楽しんでいるお父さんもいることでしょう。なかには、お子さんに遊んでもらうために買ったはずのゲーム機をゲーム好きのお父さんが独占してしまい、奥さんに「大人げない」とたしなめら

れるケースもあるようです。

そんなゲーム好きのお父さんにオススメの裏ハロ仕事があります。それがゲーム実況です。ゲーム実況というのは、プレイヤーがゲームをしながら、ニコニコ動画やＹｏｕＴｕｂｅなどの動画共有サイトで実況コメントするビジネスのことです。リアルタイムで行なう実況配信と、録画・加工して投稿する実況動画の２種類があります。

ここまで読んだみなさんはきっと「ただゲームをしているだけで、お金儲けができるはずない！」と思うことでしょう。

確かに普通はゲームをやっていると、収入が増加するどころか収入の減少につながることのほうが圧倒的に多いといえます。

ゲームをしている時間だけ働く時間が減少するわけだし、ゲームのやり過ぎで本業の仕事の効率にも影響が出るからです。

目の疲れも相当なものになって、眼精疲労から仕事の効率が落ちるといったことも考えられます。平均的に１分間のゲームをするだけで、収入が０・４パーセント減少するといった調査報告もあります。

ゲーム実況は、「ゲームは収入にマイナス」というこれまでの世の中の常識を覆す、画期的なビジネスといえます。だからこそ、お父さんの副業としてオススメなのです。

しかも、ゲーム実況は趣味と実益を兼ねた理想の副業でもあります。人間にとっての理想の労働とは、自分のやりたいこと、好きなことがそのまま生活の糧になるケースで、そのようなケースは非常に少ないというのが実情です。絵を描くことが好きだからといって、誰もが画家になれるわけではないのと同じことです。

では、なぜゲーム実況はビジネスとして成り立つのでしょうか。大きな背景として、そもそもゲーム人口やゲーム市場が急拡大していることがあります。

一般社団法人日本オンラインゲーム協会（ＪＯＧＡ）の調査結果によると、２０１５年の日本のゲーム産業の売上高は国内が１兆１０３６億円、海外が２４６７億円で、全体では１兆３０５３億円に達しました。04年の売上高が５７９億円だったので、11年間で23・３倍の規模に拡大した計算になります。

ゲーム市場が拡大するなか、ゲームの攻略法を知りたい、（ビジュアル的に動画がきれいなので）純粋にゲームの流れをみたいというゲーマーも増えています。ゲーム実況はそうしたゲーマーのニーズに応えることができるのです。

実は、ゲーム実況の動画にはゲーム関連会社の広告がつくようになっており、視聴者がその実況動画をクリックすると、それが実況投稿者の広告料収入になる仕組みとなっています。実況動画にゲーム会社が広告を出すのは、多くのゲーマーが視聴しているので、広告・販促効果が大きいという理由からです。

1回のクリックで入ってくるお金はたったの0・1円ぐらいですが、人気のある投稿者になると、1日に何十万回も再生されるので、年収がラクに1000万円を超えます。

海外に目を向けると、YouTubeへのゲーム実況投稿を通じて、とんでもない金額を荒稼ぎする実況プレイヤーがいます。この人は英国在住のスウェーデン人で「ピューディパイ(PewDiePie)」という別名を使ってYouTubeで活躍しています。カメラでゲームをしているところを映すだけで、広告収入がバンバン入ってきて、なんと年間4億円超を稼ぎ出しています。最近はディズニー傘下の「マルチチャンネルネットワーク」と契約を結んで、発売前のゲームをレビューするなどの副業にも挑戦しているそうです。

さらに、ゲーム実況の副業は、お金だけでなく、名声を手に入れることも可能です。実況プレイヤーとしての知名度が上がってくると、ゲーム関連のイベントに呼ばれるようになり、女性ファンが大勢詰めかけるなどアイドル並みの人気が出てくるのです。

ただ、どのようなビジネスでも最初のうちは利益が出やすいのですが、そのビジネスが世間に広く知れわたると、参入者が増加し、競争が激しくなってくるため、収入に結びつかなくなってきます。

お父さんがゲーム実況の副業を始めるなら、いまです。

RECRUITING

大人のおもちゃモニター

JOB DESCRIPTION

- 1モニター2000円〜1万円
- 開発段階品ゆえ下半身不具合要注意
- ネットの普及でがぜん息を吹き返した下半身業界のひとつ。だけど、予期せぬ出来事も少し含んだお仕事です。

ミニカーやスライム、チョロQ、ビニール人形、超合金のロボット、ラジコンなど、お父さん世代が少年時代に遊んだ懐かしいオモチャの数々。

今回は、小さいころにオモチャが大好きで、「大人になったいまでもまだいろいろなオモチャで遊びたい！」と考えている少年の心を持ったお父さんにオススメの裏ハロ仕事を紹介したいと思います。

それが「大人のおもちゃ（アダルトグッズ）」のモニターです。近年、日本ではローターやバイブ、ローション、ラブドール、アイマスク、ムチ、ろうそくといったアダルトグッズの需要が急拡大しており、一説にはすでに約1000億円の巨大マーケットを形成しているともいわれます。

この背景には、インターネットの急速な普及にともなう流通スタイルの激変があります。モノがモノだけに、「大人のおもちゃ」を買う目的でアダルトショップに行くことには後ろ暗いイメージがつきまといます。これまで、店に足を運ぶのは勇気のある一部のマニアに限られていました。

しかし、ネット通販という匿名性が確保された世界では、店員と顔を合わせることなく、好きな商品を気軽に購入することができるのです。

こうしたことから「大人のおもちゃ」の新製品が次々に登場していますが、メーカーが新製品を市場に投入するには、事前にモニターを使ったテストを実施し、安全性を確認しておく必要があります。

モニターは、アダルトグッズの通販サイトなどで不定期に募集しています。女性の求人が多く、男性モニターは求人が少ないため、競争倍率が非常に高くなっています。見事モニターに選ばれると、メーカーのほうから「大人のおもちゃ」の見本が自宅に郵送されてきます。少年時代、親から新しいオモチャをもらったときのうれしい気持ちを思い出してみてください。同じ気持ちを大人になったいま、再度味わうことができるのです。

モニターの具体的な仕事内容は、試作段階の「大人のおもちゃ」を実際に自分のカラダを使って体験してみて、メーカー側に試用したときの感想・評価をレポートにして送るというものです。いままでのオモチャとの違いなど、感想・評価のレポートをたいねいに書いて提出すれば、定期的に仕事の依頼が来る可能性もあります。

報酬は試用する商品の種類によってまちまちなのですが、1回あたり2000円〜1万円ぐらいの収入になります。

モニタリングの時間は30分程度と少ないので、時給換算で考えれば、かなりお得な副業といえるでしょう。

しかも、モニタリングが終わった後は、アダルトグッズを返却することなく、そのまま使い続けることができます。

この副業をしていることは人にはあまり知られたくないと思いますが、その点は十分に配慮されているので安心してください。

商品を発送する際、中身がアダルトグッズであることがわからないよう、段ボールは無地で中身がわからないようになっています。また、送り状には化粧品・雑貨などと記載してくれます。宅配便の配送業者の人もまさか中身が「大人のおもちゃ」であるとは夢にも思わないでしょう。もちろん、あなたと同居している奥さんやお子さんにも、段ボールの中身はわかりません。

ここまで読んだオモチャ好きのお父さんは「自分の家にいながらにして、最新のアダルトグッズで遊べるうえにお金ももらえるなんて、なかなかオイシイ仕事だなあ」と思ったのではないでしょうか。

ただ、この仕事をするにあたっては、特有のリスクがあるので注意が必要です。まだ世の中には出回っていないアダルトグッズばかりなので、試用の際に、あなたの大切な下半身がいろいろなトラブルに見舞われやすいのです。

たとえば、開発段階のローションの場合、つけたとたんに下半身がかぶれてしまい、アソコが赤くはれ上がって大変な事態に直面したお父さんがいます。あるいは、ローションの乾燥が思いのほか早く、アンダーヘアがパリパリに固まってしまい、泣く泣く剃毛を余儀なくされた哀れなお父さんもいます。

もちろん、あなたの下半身に予期せぬ事態が起こっても、試用前に誓約書を交わすので、訴えることはできません。

このようなリスクを「ひとつの冒険」と思えることこそ、少年の証しといえます。少年の心を残したお父さんには、ぜひ「大人のおもちゃ」のモニターにチャレンジしてほしいと思います。

RECRUITING

ブラジリアンワックス

JOB DESCRIPTION

- 1ブラジリアンワックス7000円〜1万円
- 協会講師認定必須、求むアンダーヘア知識
- 世界的に大流行中のアンダーヘアのお手入れ仕事。実力次第でいくらでも客がついてくる魅力的な仕事です。

「大きい声では言えないが、夫婦の夜の営みでは羞恥プレイの一環として剃毛プレイをすることがある」「自分のアソコを大きく見せるためにアンダーヘアをキレイに剃っている（脱毛により毛で覆われて見えなかった根元が見えるようになるためアソコが大きく見える）」「蒸れやすい体質なので、アンダーヘアをこまめに脱毛して清潔に保っている」など、アンダーヘアのお手入れに余念がないヘアケアお父さんにオススメの裏ハロ仕事があります。

それが「ブラジリアンワックス脱毛」のサイドビジネスです。

ブラジルのリオのカーニバルで、Tバックのきわどい衣装を身に着ける女性がワックスで下の毛をすべて処理してしまうことから、下の毛を脱毛することをこのように呼びます。

さて、近年、男女ともにこまめにアンダーヘアのお手入れをする人が増えています。アンダーヘアはカミソリを使って自分で処理することもできますが、皮膚に細かい傷がついたり、毛穴が炎症を起こしたりと、意外にリスクが大きいものです。

そうしたなか、テレビや雑誌などでも取り上げられて、注目を浴びているのがブラジリアンワックス脱毛のサービスなのです。

これは脱毛をするVライン（正面の部分）やIライン（中ほどの部分）、Oライン（お尻付近）といった部位に、温めたワックスを薄く塗ってのばし、その上にガーゼをあてて一気に引きはがすというものです。

ブラジリアンワックスの主成分は、ハチミツや砂糖、水飴、レモンなどで、口に入れても問題のない自然素材となっています。ワックスは脱毛したい部分に塗ると、数秒で固まります。引きはがす際に、ワックス、毛、そして皮膚表面の死んだ皮膚細胞が取り除かれてとてもキレイに脱毛できます。ただ、敏感な部分の毛を抜いてしまうわけですから、痛みがないとは言いきれません。痛みを感じないように引きはがすには、手首のスナップをきかせて一気にすばやく処理する必要があります。

さらにワックス脱毛の後は、取りきれなかったムダ毛を、1本1本ピンセットでていねいに処理していきます。

脱毛サービスの料金は1回あたり7000円〜1万円ぐらいとなっています。けっして安くはありませんが、需要の高まりを受けて、女性向け・男性向けともブラジリアンワックス脱毛専門店の新規開業が相次いでいます。

ただ、施術や開業に特別な資格を必要としないため、試行錯誤を繰り返しながら、ある程度の技術を身につけた人たちが勝手にサロンをオープンするといったケースも少なくありません。

無資格で開業しているブラジリアンワックス脱毛専門店の中には、「脱毛処理の時間が異常に長い」、「脱毛処理後にヒリヒリして痛む」「世間相場からかけ離れた高額料金を請求された」など、消費者から苦情が出てトラブルに発展することもあります。

利用者の信頼を獲得するなら、「日本ブラジリアンワックス協会」などで講師認定を受けておくのが無難といえるでしょう。

協会認定の講師になるには、認定講師在籍店で合計16時間の実技及び学科講習を受けて、筆記試験で合格しなければなりません。

この仕事に興味を持ったお父さんは、まずは、名前の知られたブラジリアンワックス脱毛のサロンでパートやアルバイトのスタッフとして働いてみましょう。

1、2年程度働いて、仕事に慣れてきたところで独立開業してはどうでしょうか。独立開業にあたっては、奥さんにもスタッフの一員として協力してもらうといいでしょう。少しドキドキするかもしれませんが、夫婦でお互いのアンダーヘアを処理し合えば、自然と高度な技術が身についていきます。

ところで、ブラジリアンワックス脱毛は、レーザー脱毛と違って永久脱毛ではないので、定期的に脱毛処理をしなければなりません。

したがって、ブラジリアンワックス脱毛のビジネスで一度顧客の信頼を獲得することに成功すれば、1、2カ月のペースで訪問してくれるリピーターを獲得できるのです。あるブラジリアンワックス脱毛のサロンの場合、お客様の6割がリピーターで占められているということです。

日ごろからていねいなサービスを心がけて、近所の主婦たちの間で「アンダーヘアの処理なら、○○夫妻のブラジリアンワックス脱毛のサロンがいちばん信頼できる」と噂になれば、口コミで評判が遠方まで高まっていきます。

下の毛が相手の商売ではありますが、経営は一気に「上向き」となることでしょう。

第四章

「特技ゼロからでも大丈夫」お仕事

RECRUITING

人肌あたため

JOB DESCRIPTION

●時給965円
●学歴不問、高精度体温計持参、要体温
●冷え性セレブにひそかなニーズありのお仕事。体温の高いお父さん向きだけど、まあ営業力がものをいいます。

今回、とくにお父さんにオススメしたい革新的な裏ハロ仕事は、寒がりや冷え性のセレブのための「人肌あたためサービス」です。

これは、お客様に適当な温度で心地よく寝てもらえるよう、あらかじめフリースのパジャマを着た専門のスタッフがお客様のベッドに潜り込み、人肌で温めておくという、とても画期的で贅沢なサービスです。ベッドの中に、巨大な湯たんぽを入れているのと同じ効果が期待できます。

ベッドを温めるスタッフは、精度の高い温度計を持参してベッドに入ります。人間がベッドに入ったときに快適と感じるのが20度ぐらいなので、温度計が20度を示すまでひたすらベッドに入って温めます。

お客様がベッドに入るときに、スタッフの髪の毛がついていたりすると嫌な気持ちになりますので、従業員はナイトキャップをかぶって、自分の髪の毛が枕やシーツにつかないよう細心の注意を払います。

実はこのサービス、イギリスのホテルチェーン「ホリデイ・イン」が実際に提供したことがあるのです。「人肌あたためサービス」は、お客様からのリクエストがあった場合に、無料で提供されていました。2010年にロンドンとマンチェスターにある3カ所のホテルで試験的に導入されたのですが、残念ながら本格的な導入には至らなかったようです。エディンバラ睡眠センターのクリス・イジコフスキ博士が「人肌サービスは安眠につながる」と、このあためサービスを絶賛していたにもかかわらず、実用化されなかったのはなぜでしょうか。

ホテル側はくわしい理由を発表していませんが、だいたいの想像はつきます。おそらく、「誰が自分のベッドを温めてくれたのかわからない」というのが、このサービスでお客様がいちばん不安に感じるところだと思います。ベッドのシーツに「私が温めました♡」という文言のついた、とびきりの笑顔の写真を添えておけば、きっと安心感が出て依頼が殺到していたのではないでしょうか。

お父さんが個人でこのサービスを提供する場合、近所で寒さに弱そうなセレブの高齢者を探し出して、サービスの内容を詳細に説明、依頼者の同意を得てご自宅の寝室を訪問するようにします。

人肌でベッドや布団を温める意義を十分に理解してもらわないと、怪しい人物に思われる可能性が高いので要注意です。戦国時代の超有名武将・織田信長の草履を自分の懐で温めていた木下藤吉郎（のちの豊臣秀吉）のエピソードを引き合いに出せば、多少は説得力が増すかもしれません。

また、会社での仕事の疲れが出て、高級寝具の心地よさについウトウトしてしまうと、不信感を抱かれるかもしれませんので、くれぐれも気を抜かないように注意しましょう。

このサービスは、まだ誰も提供していませんので、サービス料金はお父さんが自由に設定できます。日本国内のホテル従業員の時給（アルバイト）が平均965円（2016年6月時点、三大都市圏）ですので、まずは、これぐらいの値段で「人肌あたためサービス」を提供してみるというのはどうでしょうか。

うまくいけば、他人のぬくもりのベッドの心地よさに病みつきになった高齢セレブのリピーターがつくかもしれません。

高齢セレブがベッドで温まる一方、お父さんのほうは懐が温まる……高齢セレブと格差社会の犠牲者となったお父さんがそろって笑顔になれるすばらしい裏ハロ仕事になることでしょう。

20度の適温に
あたためる

時給 965円

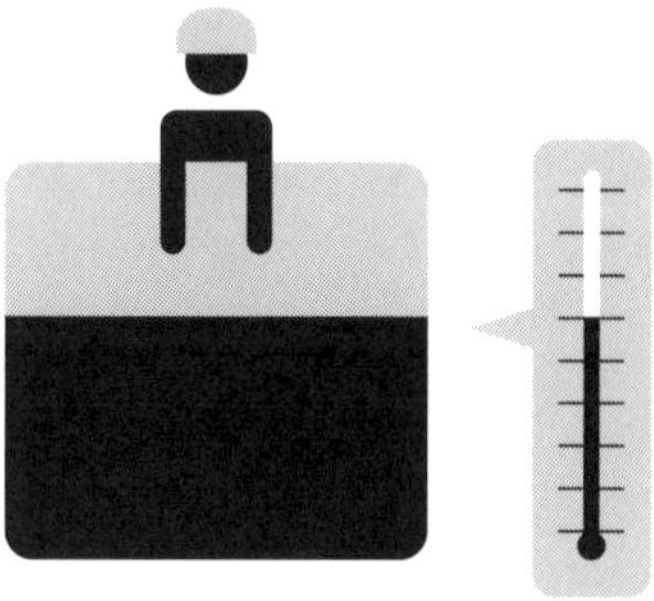

15度までしか
あたため
られない

時給 465円

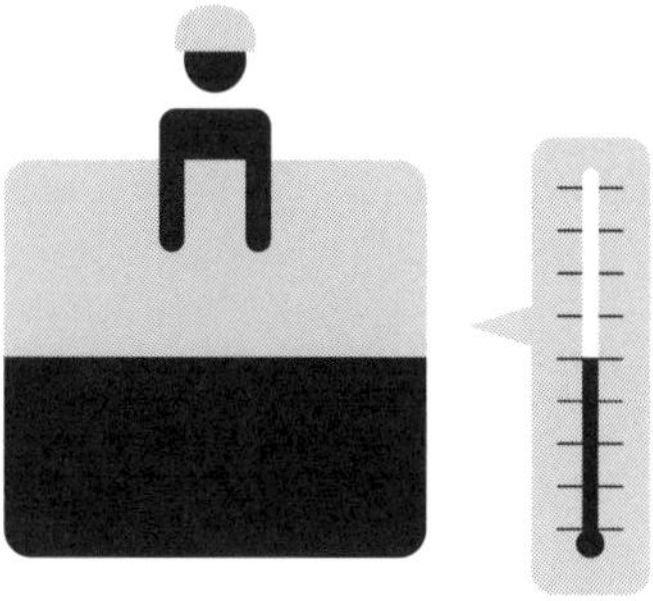

そのまま爆睡

クビ

RECRUITING

AV撮影部屋貸し

JOB DESCRIPTION

- 時給1万円〜1万5000円
- 自宅で高収入(ただし近隣からの通報注意)
- 朝貸して、お出かけして夜に返却でひと儲け。近所の人から警察に通報さえされなければ、何もせずに高収入。

奥さんと夫婦共働きをしていて、お子さんのいらっしゃらないお父さんに向けて、耳よりな裏ハロ仕事を紹介しておきましょう。

それは、土地と時間の有効活用ができるロケハウスの部屋貸しビジネスです。こういうと、すぐにドラマや映画、ドキュメンタリーの撮影に使う部屋のことを思い浮かべるかもしれませんが、お父さんに紹介したいのは、ドラマなどに比べてもっと報酬の高いＡＶ(アダルトビデオ)撮影の部屋貸しのほうです。

ＡＶには、大きく分けて「単体モノ(有名女優の出演を売りにしたＡＶ)」と「企画モノ(素人・ナンパ・痴漢・人妻・熟女などおもにシチュエーションを売りにしたＡＶ)」の2種類があります。

近年では、「企画モノ」が人気で、メーカーの制作本数も女優のギャランティが高い「単体モノ」よりコストのかからない「企画モノ」のほうが圧倒的に多くなっています。

ただ、「企画モノ」の作品が増えるにしたがって、視聴者の目が肥えてきており、ひとつひとつの作品にリアリティが求められるようになっています。

ハウススタジオの撮影だと、どうしてもリアリティの追及に限界が出てきてしまうのです。こうした限界を打破するべく、生活感のある個人宅を借りてAVを撮影するという流れが出てきているのです。AV業界にとっては、ハウススタジオよりも個人の部屋を借りたほうが製作費を安く上げることができるといったオトナの事情もあります。

現在は、撮影用の個人宅が足りなくてこまっているというのが実情で、AV撮影の部屋貸しビジネスは完全に売り手市場といえるでしょう。

日中、あなたと奥さんが仕事で出かけている間にAV撮影をしてもらえば、不動産の有効活用になるでしょう。また、部屋でAV撮影をしている間に、あなたが外で別のサイドビジネスをすれば、時間の有効活用にもなります。

さらに、あなたがAV女優のファンなら、撮影の現場に立ち会うことだってできますし、交渉次第では、ご自身が男優役として作品に登場することも可能です。もちろん、顔にはモザイクをかけてもらえます。

神経質なお父さんは「布団に男優の陰毛が付着しているのでは?」「床に男優の体液が飛び散っているのではないか?」「オレの歯ブラシで、歯を磨いたのではないか?」などと疑心暗鬼になるかもしれませんが、撮影後はスタッフがきちんと清掃して、原状回復してくれるので安心です。

気になる報酬ですが、1回の撮影あたり2万円、もしくは1時間あたり1万円~1万5000円というケースが多くなっています。

報酬の受け渡しの方法は、あなたが撮影の現場に立ち会う場合には、撮影後に直接手渡しでもらうことができます。

また、外出中に部屋を貸す場合はカギをポストに入れておいて、帰宅すると報酬がポストに入っているという仕組みになっています。すぐに現金で報酬をもらえるのが、このビジネスの魅力のひとつといえます。

もしあなたが部屋貸しをやってみようかなと思ったら、AVメーカーのホームページで募集していることが多いので、所定のエントリーシートに部屋の写メを添付のうえ、あなたの住所と連絡先を記入して応募してみましょう。事前の下見などもなく、トントン拍子で部屋貸しが決定することが予想されます。

部屋は「汚部屋」だとこまるのですが、ある程度散らかっているほうが、生活感があって望ましいようです。各ＡＶメーカーが頻繁に募集をかけているので、たくさん応募すれば、月に何回かの撮影を受けることもできます。

なお、このサイドビジネスができるのは、基本的には一軒家か分譲マンションに住んでいるお父さんに限られます。

賃貸のマンションやアパートに住んでいるお父さんは、大家さんの承諾を得なければこの副業をするのはむずかしいでしょう。というのも、部屋の「又貸し」が法律で禁止されているからです。大家さんに内緒で部屋貸しを強行すると、あとでとんでもないことが起こる可能性があるので要注意です。

たとえば、撮影に立ち会わないで部屋貸しをする場合、あなたのいない間に露出系の変態プレイを勝手に撮影されてしまうことがあります。ベランダや玄関口に裸の男女が姿を見せてしまったり、撮影中に女優がまるで獣のような大きな声を出したりすると、近所の人たちから「〇号室の〇〇さんが部屋で変態プレイをしています！」と、大家さんに苦情が殺到することになります。

最悪、部屋貸しの報酬よりも引越し代のほうが高くついてしまう恐れもあるでしょう。

RECRUITING

ラブホテル・フロントマン

JOB DESCRIPTION

- 日給2万円
- 選考上委細面談、要面割れ防止マスク
- 恥ずかしがり屋のシャイなお父さんのためのお仕事。客とひとこと話すだけで、あとは自分の世界放題です。

「気に入っている部下の女性社員と話をするとき、視線を合わせたいのに、シャイなのでつい目を逸らしてしまう」「好きな女性に近づきたいのに、奥手なのでつい遠ざかってしまう」など、恥ずかしがり屋のお父さんにオススメの裏ハロ仕事があります。

それがラブホテルのアルバイトです。

ひとくちにラブホテルのアルバイトといっても、大きく分けて「フロント(受付)」と「清掃(掃除)」という2つの種類があります。

恥ずかしがり屋のお父さんにこのバイトをオススメする理由は、どちらの仕事も直接お客さんと接する機会が極端に少ないからです。

まず、ベッドメイキングなどの清掃は、そもそもモノを相手にする仕事なので、お客さんとの接点は皆無です。

フロント業務も、最近はキーの受け渡しや返却を自動にしているラブホテルが多いので、食事などのオーダーを受けるといったことがなければ、基本的に仕事でお客さんと顔を合わせることはありません。

とくに仕事がなければ勤務時間中であっても、テレビを見たり、本を読んだりすることができます。

フロントとお客さんの会話は、退店時間が近づいたとき、フロントがお客さんの部屋に電話をしてただ一言「延長しますか?」と聞くだけです。人見知りで恥ずかしがり屋のお父さんには、まさに天職といってもいいでしょう。

勤務時間はどうなっているのでしょうか。まず、フロント業務の場合、1回バイトに入ると24時間勤務が基本となっています。もちろん、フル稼働ではなく8時間の休憩時間があります(仮眠5時間、休憩3時間)。

一方、清掃業務は、普通のバイトと同様1日4~8時間程度の勤務になるケースが多くなっています。

給料は基本的に日払い制になっていますので、平日はいそがしいサラリーマンでも、土日に副業でアルバイトすることができます。

しかも、ラブホテルでのアルバイトは知る人ぞ知る高額バイトなのです。

フロント業務の場合、1カ月のうち10日入るだけで20万円はゲットできます。給料とは別に交通費も支給されます。清掃業務のほうも、ビルの清掃などに比べると時給はずっと高くなっています。

あなたがこの仕事に興味を持ったなら、さっそくインターネットの求人サイトでフロントや清掃の募集があるか探してみましょう。

ただし、求人サイトでバイトを見つけるにあたっては、ちょっとしたコツがあります。実は、求人サイトでズバリ「ラブホテル」をキーワードに検索しても1件もヒットしないのです。

「ラブホテル」ではなくて、「レジャーホテル」とか「ファッションホテル」、もしくは単に「ホテル」をキーワードに検索すると、求人リストが出てきます。求人リストの募集条件を丹念に見ていけば、ラブホテルの求人なのか、普通のビジネスホテルの求人なのかがすぐにわかります。

最後に、老婆心ながらこの仕事をするうえでの注意点を挙げておきましょう。まず、フロント業務の場合、食事などのオーダーを受けたときに部屋を訪れると、お客さんが会社の上司や同僚、あるいは家族など、自分の知り合いだったというケースがまれにあります。ゲス不倫をしている上司と遭遇してしまうと非常に気まずくなり、あなたの出世にも悪い影響が出るかもしれません。

とくに地方のラブホテルの場合、ラブホテルの数が少ないということもあって、知り合いに遭遇する確率が高くなりますので、風邪をひいてなくても普段からマスクをつけておくといいでしょう。

一方、掃除業務の場合には、たまに仕事の負担が大きくなるトンデモ事件が発生するので、心の準備が必要です。実は、「こんなこといいな、できたらいいな」と言わんばかりに、普段はできない変わったプレイをラブホテルの個室で実行するカップルがけっこういるのです。玄関やトイレ、お風呂場やソファーのうえなど室内のありとあらゆる場所でプレイを楽しむカップルもいます。

なかにはSMやスカトロ、潮吹き、アナルセックスなどのハードプレイをするカップルもいます。

スカトロのプレイをしたカップルが、糞尿の後始末をせずにそのまま部屋を出て行ってしまった日には、清掃業務のアルバイトはどうすればいいかわからず、涙目になってしまうことは必至です。

RECRUITING

龍涎香拾い

JOB DESCRIPTION

- 1龍涎香2900万円（14・75キロあたり）
- 選考上委細面談（海岸散歩力必須）
- 負け組お父さんは、まず海岸を歩きましょう。マッコウクジラの嘔吐物から、すごいお宝ゲットできるかもです。

今回は、会社でいつまでたってもうだつが上がらず、家では奥さんの尻に敷かれているような負け組人生まっしぐらのお父さん、あるいは、とにかく酒好きで、仕事もせずに胃液を吐くまで泥酔しないと気がすまないという「泥レンジャー」な負け組のお父さん向けに、一発逆転で一攫千金を実現する方法を伝授したいと思います。

それが、龍涎香《りゅうぜんこう》拾いです。「龍の涎《よだれ》が香る」と書かれた物質、龍涎香というのは、何を隠そう、マッコウクジラの腸内でつくられる結石のことです。

結石といっても、泥レンジャーにありがちな、尿酸値の高いお父さんにできる尿路結石とは似て非なるものです。この結石は、マッコウクジラの大好物であるダイオウイカの嘴《くちばし》から自分の胃を守るために出た消化分泌液が結晶化したものと考えられています。

英語では「アンバーグリス」と呼ばれており、マッコウクジラが嘔吐したときに、龍涎香が他の嘔吐物に混ざって体外に排出されることが多いのです。口からではなく、肛門から排出されるのではないかという説もあります。

「クジラのゲロに価値なんてあるわけがない！　こんなものを悠長に探しているヒマがあったら、俺が吐くまで飲んでやるぜ」と「激おこぷんぷん丸」になったお父さんは、そう考えた時点ですでに負け組になってしまっています。

実はこの龍涎香、「海に浮く金塊」と言われるほどの超高級品なのです。昔から女性の嗅覚を刺激する天然香料として珍重されており、高級な香水の成分のひとつとして使われています。過去には、香水だけでなく、ワインやブランデーの香料として使われていたこともあります。

龍涎香を吐き出すマッコウクジラは全個体の1パーセント程度にすぎず、吐き出された龍涎香が長い年月をかけて海上を漂い、酸化・分解されることで、独特の高貴な香りを放つようになります。

マッコウクジラが体外に排出した龍涎香は、海水に比べて比重が軽いという特徴があり、海面に浮いて漂い、最終的に海岸へと流れ着きます。

かつて商業目的の捕鯨が認められていた時代にはマッコウクジラを解体する際に龍涎香を取

り出すことができたのですが、現在、商業目的の捕鯨は禁止されており、龍涎香は海岸に打ち寄せられたものを偶然見つける以外にゲットする方法がありません。

では、この龍涎香、いったいどれぐらいの市場価値があるのでしょうか。06年にはオーストラリア在住の夫婦が浜辺で奇妙な物体を発見、そのときは、気味が悪いのでそのままにして帰ってしまいました。2週間後に夫婦が浜辺を訪れると、その物体がまだそのまま残っていたので好奇心が湧いて持ち帰りました。インターネットで調べても謎の物体の正体がわからなかったので、地元の海洋生態学者に見せたところ、それは14・75キログラムの龍涎香であることが判明、この夫婦は日本円にして約2900万円をゲットできました。

また、2012年8月には、英国の少年（当時8歳）が南西部ドーセット州の海岸を父親と散歩していたところ0・6キログラムの龍涎香を発見。少年は物体の正体を知らずに自宅に持ち帰りましたが、家族が調べたところ、この物体が龍涎香で620万円の価値があることが判明しました。

さらに2013年1月には、浜辺で犬の散歩をしていた英国人男性が、黄色味を帯びたやや長い石を見つけ、気になって持ち帰ったところ、あとで3・2キログラムの龍涎香であることが判明、5万ユーロ（約630万円）もの価値がついたということです。

2016年4月には、英国北西部に位置するランカシャー州のミドルトン海岸を散歩してい

海岸で拾う

報酬 2900万円

マッコウクジラの
ゲロから拾う

報酬 3000万円

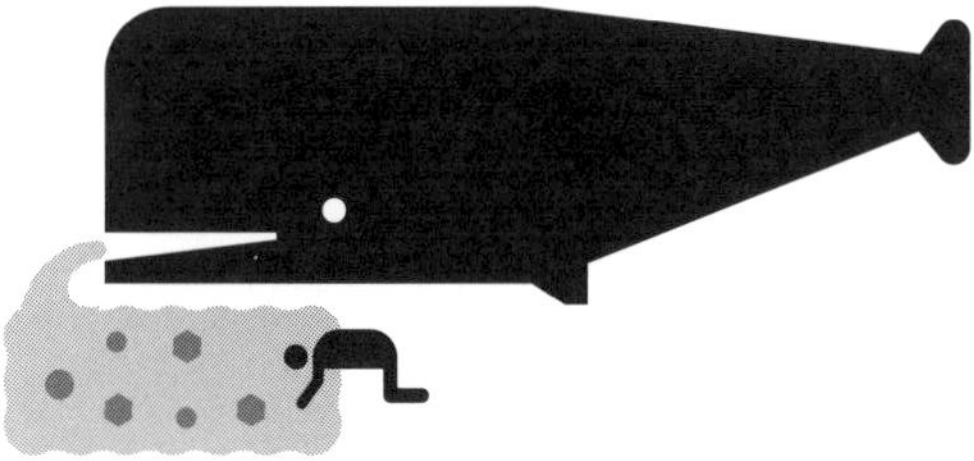

生きた
マッコウクジラの
胃の中で拾う

時価

た夫婦が、奇妙な形をした物体を拾いました。２人は龍涎香についての話をどこかで聞いたことがあったので、この謎の物体を新聞紙で包んで家に持ち帰りました。持ち帰った塊を量りで調べたところ、重さは１・５７キログラムでした。もし、これが本物の龍涎香であれば、８００万円ぐらいの価値になるそうです。

日本では、かつては琉球（いまの沖縄）の海岸で龍涎香が見つかるケースが多かったといわれます。沖縄以外でも、平戸、土佐、三輪崎、熊野、屋久島などで龍涎香の発見が報告されています。

龍涎香で一攫千金を狙うお父さんは、これらの地域の海岸を散歩がてら探索してみてはいかがでしょうか。

最後に、お父さんが龍涎香探しをするにあたっての注意点を挙げておくと、海岸で龍涎香らしきものを見つけても、最初は思いっきりクンクン臭いを嗅がないほうがいいでしょう。長い時間をかけて海を漂流してきた古い龍涎香は麝香（じゃこう）のような高貴な香りを発するらしいのですが、比較的新しいものは高貴どころか信じられないほどの悪臭（イカとコヤシを混ぜたような臭い）を放つからです。

いきなり臭いを嗅いで「ウゲ〜ッ！　鼻が曲がる！」となり、飲んでもいないのに意図せぬ「もらいゲロ」をしてしまう危険性があるのです。

RECRUITING

モデルルーム看板持ち

JOB DESCRIPTION

- 日給7000円〜1万円
- 学歴不問、天涯孤独系向き
- 人と会話するのが苦手なお父さんでもぜんぜん大丈夫。座ってるだけで、退屈さえしのげばいい仕事です。

「とにかく人と会話をするのが苦手だ」「会社のランチ休憩のときは自ら進んでぼっち飯にしている」「副業を希望するが、飲食店など接客業だけは勘弁してほしい」などといった天涯孤独系のお父さんにオススメの裏ハロ仕事があります。

それが、マンションなどのモデルルームの誘導看板持ちの副業です。なぜ、わざわざ人が看板を持っているかといえば、看板を無許可で道路に立てておいたり、電柱にしばったりしておくと、公道を侵害したということで、屋外広告物法違反になるからです。

サービス案内が書かれた大きな看板を持って立つ看板持ちには、性風俗店やパチンコ・パチスロ店などいろいろなお店から依頼がきますが、ほとんどの看板持ちは立ち仕事になります。

経験のある人ならわかると思いますが、ただ立っているだけの仕事はとても疲れます。慣れていない人の場合、1日立っているだけで、足がパンパンに腫れ上がってしまい、むくみで靴に足が入らなくなります。その点、モデルルームの誘導看板持ちは、仕事中パイプ椅子に座っていられるので、立って看板を持つ場合に比べて非常に楽な仕事といえるでしょう。

とはいえ、お金をもらってする仕事なので、そんなに好き勝手はできません。基本的に、看板持ちの仕事中に読書をしたり音楽を聴くことは禁止されています。携帯電話を触ることもNGです。「どうせバレないだろう」と思ったら大間違いです。定期的に抜き打ちで監視役が巡回するので、違反行為をしていると雇主に大目玉を食らってしまいます。最悪、仕事の途中で帰らされることもあります。

では、この仕事でどれぐらいの報酬が得られるのでしょうか。モデルルームの誘導看板持ちの仕事は日給制のところが多くなっています。大都市の中心でやるのか、郊外でやるのかによって賃金水準は変わってきますが、朝9時から夕方5時までで日給7000円〜1万円というのが、おおよその相場になっています。時給制の場合は、1時間あたり1000円というケースが多いです。誰にもジャマされず1人でいることをこよなく愛する天涯孤独系のお父さんにとっては、やりやすい副業と言えるのではないでしょうか。

最後にお父さんがこの副業をするにあたっての注意点をまとめておきましょう。まず、健康上の理由を考えて、夏と冬の季節は、この副業は避けたほうがいいでしょう。40代以上の年齢になると、夏の暑さと冬の寒さがかなり身にこたえます。モデルルームの看板持ちは住宅メーカーのイメージダウンにならないようスーツの着用が条件になることが多く、猛暑のときにはかなりつらい仕事になります。

また、座って看板持ちをしていると、なにもすることがなく退屈してしかたがないといった問題も出てきます。ここだけの話ですが、退屈しのぎにいちばん効果があるのはエッチな妄想です。ドイツの調査では、男性ドライバーが渋滞中に思いをめぐらせることの第1位がセックスで全体の30パーセントにも達しました。じっと座っていることに慣れていないお父さんは、口に出しては言えないぐらいエッチな妄想をして時間をつぶすといいでしょう。

さらに、中高年のお父さんがパイプ椅子に長時間腰かけていると、いぼ痔を発症するリスクも高まります。いぼ痔の原因としては排便トラブルや遺伝などが挙げられますが、長時間の座りっぱなしもよくありません。

長く座っていると、肛門周辺の静脈がうっ血して、いぼ痔を発症しやすくなるのです。一度、いぼ痔を発症すると、激痛に苦しむ日々を送ることになります。本業の仕事にも支障が出てくるようになるでしょう。自分のアナルの状態に一抹の不安があるお父さんは、たまに中腰の姿勢になって、自分の肛門にかかる負荷をできるだけ軽減してやるようにしましょう。

RECRUITING

ミドルモデル

JOB DESCRIPTION

- 1回2万円～10万円
- 容姿不問（ただしカツラの似合う人歓迎）
- メタボ体型でも、全然大丈夫なモデルの仕事。カツラ、入れ歯、大人用オムツがとても似合うお父さんは、ぜひ。

今回は「メタボ体型になっても意に介さず、自然体の自分が好き」「最近、髪がやけに薄くなってきたが、むしろそんな自分を愛おしく思う」「いちばん好きな曲は、大ヒットした『アナと雪の女王』の代表曲『Let it go（ありのままで）』だ」といったナチュラル系のお父さんにオススメの裏ハロ仕事を紹介しましょう。

それが「ミドルモデル」の副業です。

ミドルモデルというのは、テレビのCM、通販番組、電車やバスの中吊り広告、雑誌・新聞の広告などで活躍する40代～60代のモデルのことを指します。年齢的には、いまのお父さん世代にぴったり合致する仕事といえるでしょう。

意外に思うかもしれませんが、実はいま、ミドルモデルに対する需要が急拡大しています。その理由は、企業が自社の商品を宣伝するにあたって、広告にイケメンやナイスバディのモデルを使っても、一般の人の感覚からするとリアリティに欠け、共感が得られず、結局、商品の売れ行きが悪くなってしまうケースが多くなっているからです。

また、人口構成の高齢化も進んでおり、健康食品などの広告で年齢の若いモデルを使っても、消費者の共感を得ることがむずかしいということがあります。

むしろ、より身近に感じられるごく普通の中高年層が笑顔で商品を紹介している広告のほうが、消費者の共感を得やすく、実際に商品の売れ行きにも好影響を与えるのです。

さらに、最近のシニア世代は「年寄り扱いされたくない」「人から若くみられたい」という気持ちが強まっていて、そうした意識がミドルモデルの需要の拡大に拍車をかけている側面もあります。

どういうことかといえば、若くみられたいシニア世代は、商品に「シニア層向け」とか「シニア層に人気」という宣伝文句がついていると、それだけで抵抗感が出て商品を買わなくなってしまうのです。

あるゴルフメーカーが筋力の低下したシニア層向けのゴルフクラブを開発したのですが、これを「シニア向け」と宣伝して売り出したところ、さっぱり売れなかったという失敗例もあります。

シニア層向けに商品を売るには、商品に「シニア層向け」という文言を入れないほうが得策といえるのです。

では、シニア層向けの商品を「シニア層向け」とうたわずに宣伝するにはどうすればいいかというと、シニア層向けであることを間接的に「暗示すること」、「ニオわせること」が重要になってきます。

そこで、一部の企業はシニア層向けの商品を宣伝するのに、広告モデルに中高年層を起用して、それがシニア層向けであることを暗示するというマーケティング戦略をとるようになっているのです。

もし、あなたがミドルモデルの仕事に興味を持ったなら、インターネットで検索してミドルモデルを募集しているモデル事務所に問い合わせてみるといいでしょう。

事務所に応募すると、面接→審査→合否の発表という流れになります。「典型的なオヤジ体型だし、モデルなんて夢のまた夢」などと悲観する必要はまったくありません。ミドルモデルでは、経験の豊富さやルックスのよさは問われないので、個性的でアクの強いお父さんにもチャンスがあります。オヤジ体型で少しキモいぐらいのルックスのほうが、インパクトがあって採用されやすいぐらいです。ミドルエイジを主なターゲットとしているモデル事務所は、モデル仲間もみなさん同じ世代になるので、若い人たちと肩を並べて張り合う気恥しさを感じることもありません。

採用審査に見事合格してモデル事務所に登録すると、自分で営業をかけなくても、事務所を通じていろいろな仕事を紹介してもらえます。

ファッションショーやファッション雑誌のモデルなど、若い人向けのスタイリッシュでエレガントな仕事はほとんど、いやまったく入りませんが、「入れ歯」や「口臭予防の歯磨き粉」「カツラ」「老眼鏡」「多汗症改善」「大人用オムツ」などの広告モデルだったら頻繁にオファーがきます。

報酬はモデルの仕事の内容によってまちまちなのですが、1回につき2万円~10万円ぐらいとなっています。拘束時間は通常は、数時間から半日になります。仕事によっては丸1日拘束されるケースもありますが、事務所を通じて自分の都合のいい日を指定できるので、本業の仕事に支障をきたすことはありません。

ミドルモデルの仕事は、ありのままの自分で輝くことができるうえに、小遣い稼ぎもできてしまう、ナチュラル系のお父さんにとっては、まさに夢のような副業といえるでしょう。

RECRUITING

遺品整理

JOB DESCRIPTION

- 1遺品整理3万円〜5万円
- 要「遺品整理士」資格、要ぱっと見いい人感
- 三日坊主のお父さんでもできちゃう仕事。この業界、20年は安泰だから、資格を取って個人で受けたい仕事です。

今回は「これまでいろいろな副業に挑戦してきたが、結局どの副業も長続きしなかった」「やりがいのある副業に出会ったことがなく、どれもすぐに辞めてしまった」という三日坊主のお父さんに向けた話をしたいと思います。

これからの社会情勢の変化を見すえて、少なくとも先行き20年間は絶対に食いっぱぐれることのない裏ハロ仕事を紹介しましょう。

それが「遺品整理業」のビジネスです。

急速な勢いで高齢化が進むなか、現在、社会問題になっているのが老人の一人暮らしです。

総務省の『国勢調査』によると、65歳以上の一人暮らし高齢者（独居老人）は、1980年

の段階では男性約19万人、女性約69万人に過ぎなかったのですが、2010年には男性約139万人、女性約341万人へと大幅に増加しました。

今後も独居老人の数は増え続けると見込まれており、国立社会保障・人口問題研究所の予測では2035年に男性約261万人、女性約501万人に達します。

こうした流れのなかで、注目を浴びているのが「遺品整理業」のビジネスなのです。

「遺品整理業」というのは、遺族からの依頼を受けて故人の住居を整理・清掃する仕事を指します。

一昔前は、遺品整理は遺族が行なうか、あるいは引越し業者などに依頼するケースが圧倒的に多かったのです。

しかし、近年は核家族化が進んで家族相互の関係が希薄化しているほか、「遠方に住んでいてなかなか遺品整理の作業ができない」「貸家なので早急に退去しなければならない」「仕事が超いそがしくて休みがとれない」といった人も多く、遺品の整理を専門の業者にお願いする事例が増えています。

遺族が直接遺品整理をする場合、作業中にさまざまな感情が湧き上がって、思った以上に時間がかかってしまうのですが、専門の業者に頼めば、たいねいに、かつスピーディーに作業をしてくれます。

ただし、孤独死があった部屋の遺品整理の場合、部屋中に死臭が充満しているので、遺品整理の作業の前に死臭を消臭する特殊清掃作業が必要になります。

それでは、お父さんが「遺品整理業」のビジネスを始めるにはどうすればいいのでしょうか。

2つのパターンがあります。ひとつは、遺品整理の仕事を手掛ける専門業者の求人に応募するというものです。

もうひとつは、個人で直接仕事を受注するというものです。専門業者のスタッフだと給料制になってしまうので、お父さんには報酬がそのまま収入になる個人での開業をオススメしたいと思います。

個人で仕事を受注する場合の料金は、遺品整理1件あたり3万円~5万円程度となっています。そのほか、オプションで故人の供養や家具の処分を請け負うこともあります。

遺品整理業には、葬儀業者や不動産業者、便利屋などの参入が相次いでおり、現在全国で2万ぐらいの業者がいるともいわれます。

ただ、業界としてはまだ黎明期の段階にあるので、素人のお父さんであっても副業で参入する余地は大きいといえるのです。

「おくりびと」という社会的な存在意義が大きく、やりがいのある仕事なので、三日坊主のお父さんでも長続きしやすいでしょう。遺品整理業の仕事が軌道に乗ってきたら、それを本業にしてもいいかもしれません。

ただ、遺品整理業で安定的に受注を確保するには、遺族からの信頼獲得が重要なポイントになります。

遺品整理業界をめぐっては、高額請求や遺品の不法投棄といったトラブルも発生しており、人相が悪いなどの理由で、悪徳業者と疑われてはたまったものではありません。遺族からの信頼獲得に効果的なのは、一般社団法人「遺品整理士認定協会」が認定する「遺品整理士」の資格を取ることです。

この資格を取得すれば、お客様に自分が遺品整理のプロフェッショナルであることをアピールできるうえ、行政からの仕事も受注しやすくなるというメリットがあります。

「遺品整理士」の資格を取得するには、協会のＤＶＤ講座、問題集を受講し、課題レポートを提出して合格する必要があります。ちなみに、講座の受講料は２万５０００円、学習期間の目安は２カ月となっています。

三日坊主のお父さんであっても、比較的簡単に取得できるので、ぜひ挑戦してみてください。

RECRUITING

アダルト系パーツモデル

JOB DESCRIPTION

- 3時間拘束4万円以上
- 選考上委細面談、40、50代熟女歓迎
- リストラのお父さんのための奥さんヘルプ編。パーツモデルのなかでも、アダルト系は顔出さずに高収入。

突然のリストラに遭ってしまい、なかなか再就職ができずにあせっているお父さんは、この際、恥も外聞も捨てて奥さんに「ひと肌」脱いでもらってはどうでしょうか。

今回は、失業中で首が回らないお父さんを助けるべく、主婦が手っ取り早く、かつ安全にお金を稼げる副業を紹介したいと思います。それが「パーツモデル（部分モデル）」のサイドビジネスです。

「パーツモデル」というのは、その名のとおり、体の特定の箇所に特化したモデルのことです。髪や手、首、鎖骨、脚などさまざまな種類があります。テレビのCMや雑誌など広告分野での撮影の仕事が、主な収入源となります。特化した体の箇所によって「手タレ」「脚タレ」「首

タレ」などと呼ばれています。

ちなみに、村上春樹さんの小説『羊をめぐる冒険』の中では「耳タレ」の女性が登場して話題になりました。

ところで、ひとくちに「パーツモデル」といっても、大きく分けて「普通系」と「アダルト系」という2つのジャンルがあります。

まず「普通系」のパーツモデルは、髪の毛、目、鼻、耳、首、手、爪、脚といった箇所でのニーズが高く、それぞれのパーツごとに専用のモデルがたくさん存在します。モデルどうしの競争が非常に激しいため、残念ながら報酬はそれほど高くはありません。時給に換算すると、2000円から4000円ぐらいが相場になります。

一方、「アダルト系」のパーツモデルの場合、アダルトというだけあって、バストや乳首、お尻、足、唇、下半身といった箇所でのニーズが高くなっています。脚フェチやおっぱいフェチ、お尻フェチ、骨盤フェチ、耳フェチ、足首フェチなど近年ではさまざまなフェチの男性が増加傾向にあり、それに対応するかたちでフェチ専用のAV作品がたくさんつくられています。

たとえば、脚フェチの男性向けにつくられたAV作品では、さまざまなアングルから女優さんの脚が撮影されています。クライマックスは、足の親指と人差し指をこすり合わせるシーンです。

「アダルト系」のパーツモデルは需要が多いうえに、モデルになる女性の絶対数が少ないため、常に需要と供給のバランスがひっ迫している状態にあり、結果、「普通系」のパーツモデルと比べて報酬がずっと高くなっています。

ローンの支払いが迫っているなど、家計が苦しいなら、迷わず「アダルト系」のパーツモデルのほうを選択しましょう。

「アダルト系」という言葉を聞くと、専業主婦の方は尻込みしてしまいがちですが、パーツモデルなので顔出しはしないですみますし、基本的にはカメラマンにしか会わないので安心です。撮影中、ちょっとしたミスで顔が映ってしまうこともありますが、その場合はモザイクをかけて誰だかわからないように加工してくれます。

それでは、「アダルト系」のパーツモデルになると、どれぐらいの収入になるのでしょうか。ケース・バイ・ケースなのですが、1回の撮影で数万円ぐらいはもらえます。当然、過激な内容になればなるほど報酬額は高くなり、男性との絡みがあったりすると、報酬額は一気に10万円ぐらいまで跳ね上がります。

実際にアダルト系パーツモデルの仕事を経験したある主婦の場合、面接と撮影合わせて3時間の拘束で、4万円を即日払いで受け取っています。

もし、主婦の方でこの仕事に興味があるなら、AV女優専門のプロダクションやモデル事務所に所属しておくといいでしょう。仕事が入ってきやすいからです。

　プロダクションや事務所に所属するには、求人情報サイト（風俗系）から応募します。多くのプロダクションやモデル事務所では、18歳以上から応募できるようになっており、もちろん40代や50代の熟女も応募可能です。

　注意事項として、事務所の中には詐欺的なところもあるので、どのような事務所なのか、面接試験を受ける前にインターネットなどを活用してくわしく調べておくのが望ましいでしょう。

「アダルト系」のパーツモデルは、お父さんが失業している期間限定など、主婦がごく短期間で生活費を稼ぐならオススメの副業といえます。

　また、たとえ部分であっても、カメラによって「女性」は磨かれるものです。家計を助けて、美しくなればお父さんにもけっして損はありません。ぜひとも奥さんに持ちかけてもらいたい仕事です。

第五章

「趣味と実益で一石二鳥」お仕事

RECRUITING

糖尿病治験ボランティア

JOB DESCRIPTION

- 謝礼1日1万円以上
- 学歴不問、要糖尿病
- もしもお父さんが糖尿病だったら、チャンス到来です。症状改善してさらに収入ありの一石二鳥裏ハロ仕事です。

人間誰でも中年にさしかかると、筋力が低下したり基礎代謝が悪くなったりするので、太りやすくなります。

厚生労働省の『国民栄養・健康調査』によると、2014年時点で、肥満者（BMI≧25）と診断された男性の割合は、20代が20・5パーセントにとどまったのに対して、40代では30・9パーセントに、50代では34・4パーセントにも上っています。

お父さん世代に肥満が多いのはしかたのないことかもしれませんが、肥満や運動不足はさまざまな病気の引き金になるので、十分な警戒が必要です。

肥満や運動不足のお父さんがかかりやすい生活習慣病として、真っ先に挙げられるのが糖尿病でしょう。先ほど紹介した『国民栄養・健康調査』によると、男性で「糖尿病が強く疑われる者」の割合は2014年時点で15・5パーセントに上り、とくに50歳以降にその割合が高まることが判明しました。

そこで、今回は「糖尿病にかかっている」もしくは「糖尿病かもしれない」という、ちょっと不健康なお父さんにオススメの裏ハロ仕事を紹介しましょう。

このように言いますと、糖尿病を患っているお父さんは「病気で苦しんでいる人間にサイドビジネスを勧めるな！　こっちは、それどころではないんだ」と怒りだすかもしれません。しかし、糖尿病の症状が改善できておまけにお金ももらえる、まさに「一石二鳥」のビジネスなので、最後まで落ち着いて耳を傾けてほしいと思います。

それが「治験ボランティア」の副業です。治験ボランティアというのは、簡単に言えば、製薬会社などが開発した新薬の効果を試すアルバイトです。

製薬会社が新薬を開発する場合、厚生労働省の認可を得るためには、開発の最終段階でどうしても人間を使った治験の実施が必要となります。製薬会社はこの治験を医療機関に委託して行なっています。

治験にはフェーズ1からフェーズ3までの3つの段階があって、第1段階（フェーズ1）では健康な人を対象として薬品の安全性・有効性をチェックします。第2段階（フェーズ2）では少数の患者さんを対象に、第3段階（フェーズ3）では多数の患者さんを対象に、薬の安全性や有効性、使い方を確認していきます。

治験ボランティアになると、ボランティアとはいえ医療機関から1日あたり1万円～数万円程度の謝礼金（患者負担軽減費）が支給されます。

糖尿病の治験ボランティアの場合、医療機関からもらえる患者負担軽減費は平均すると、1通院あたり1万円程度となります。治験で使う新薬は無料で提供してもらえるし、検査費用も無料です（すべてメーカーが負担）。

唯一、診察料は自己負担になりますが、1通院あたり数百円程度にすぎないので、自己負担はほとんどないと考えていいでしょう。

それよりも糖尿病が進行して神経障害や網膜症、腎症、動脈硬化などの合併症を引き起こす前に、無料で最先端の治療をしてもらえるのですから、生涯で考えた医療費の負担軽減効果は半端なものではないといえます。

通常の診療に比べて綿密な検査を受けることができるので、自分の病状をくわしく知ることができるといったメリットもあります。さらに、新薬の開発に貢献したという社会的な意義をひしひしと実感するお父さんもいることでしょう。

もし、あなたが糖尿病の治験ボランティアをやってみようと思うのなら、インターネットのサイトで糖尿病改善モニターを募集しているので、必要事項を記入のうえ、さっそく応募してみましょう。治験の条件に適合するかどうかを医療機関にて診断してもらい、適合した場合は3カ月〜1年の期間、治験ボランティアとして通院します。通院の頻度は月平均1〜2回程度です。

最後に、この副業をする場合の注意点を挙げておきます。実は治験ボランティアの募集サイトには、詐欺的なサイトが多く含まれます。治験ボランティアの情報は無料で提供することが原則で、紹介業者は治験ボランティアを希望する人からはいっさいお金をとらず、治験を実施する医療機関から報酬をもらうことになっています。

ところが、まぎらわしいことに医療機関と提携せず、あるいは医療機関から許可を得ずに治験ボランティアを希望する人から一定の会費や登録料・情報料をとって、勝手に不正確な情報を流す業者がけっこうな数で存在します。

こうした業者は、現在国内で100以上存在するともいわれます。有料サイトを運営する業者は、会費・登録料として2000円〜3000円程度のお金をボランティア希望者から徴収しています。

糖尿病で治験ボランティアを希望するお父さんたちは、こうした詐欺的なサイトにはひっかからないようくれぐれも注意してほしいと思います。

RECRUITING

ベッドテスター

JOB DESCRIPTION

●月給16万4000円以上
●歩合制、千件超えベッド経験者歓迎
●お尻が妙に敏感のお父さんのためのお仕事。ただし、ベッドの寝心地を確かめて、眠ってしまうとアウトです。

「何を隠そう、自分の性感帯はお尻である」「M性感のサービスでお尻をちょっと触られただけで、ゾクゾクするほど興奮する」など、お尻の感覚が人並みはずれて敏感なお父さんにオススメの副業があります。

それが「ベッドテスター」の裏ハロ仕事です。

耳慣れないかもしれませんが、「ベッドテスター」というのは、高級ベッドの寝心地を試して、その評価を家具メーカーに報告する仕事のことです。

具体的な事例を挙げますと、イギリスの老舗家具メーカーのサイモーンホーン社が「ぐうたらの怠け者の学生を求む!」として「ベッドテスター」のアルバイトを公募したことがあります。

この仕事は1カ月間、朝10時から夕方6時までの8時間、家具会社のショールームに設置してあるさまざまな高級ベッドで寝て、照明や枕、設定温度などを変えながら寝心地を試すというものです。

これらの高級ベッドは寝心地をチェックした後、ホテルへと納品されます。公募で選ばれたのはバーミンガムシティ大学に在籍する女子学生（22歳）でした。彼女は楽しみながら任務を遂行、ベッドの使い心地について頻繁にブログにアップしました。

気になる報酬の金額は1カ月間で1000ポンド。現在のレートである1ポンド＝132円で日本円に換算すれば、約13万2000円にもなります。

ショールームを訪れたお客さんがベッドの使い心地をイメージしやすいよう、アルバイト中は、仕事の様子をガラス越しに見せなくてはいけないという制約はありますが、1か月間ベッドの上でゴロゴロしているだけで、13万円以上のお金がもらえるというのはかなりオイシイ仕事といえるでしょう。

いま紹介したのは、アルバイトの軽い仕事ですが、世の中には「ベッドテスター」のプロフェッショナルもいます。

「ベッドテスター」のプロと認められれば、家具メーカーと個人で専属契約することで、普通のサラリーマンを上回る高額年俸をゲットすることも夢ではありません。

ただし、家具メーカーが高額報酬を約束するほどのプロとして活躍するには、血のにじみ出るような猛特訓が必要になります。

数千を超えるベッドで寝心地を試すなど、厳しい訓練を乗り越えたものだけが栄光をつかめるのです。

では、「ベッドテスター」のプロはどれぐらいの実力を持っているのでしょうか。プロは、ベッドに座った一瞬の尻さわりだけで、マットレスの材質や性能を瞬時に判断、寝心地を評価できるということです。まさに神業の領域です。

プロの「ベッドテスター」の中には、商売道具である敏感なお尻に巨額の保険をかけている人もいます。

たとえば、イギリスで「ベッドテスター」として活躍するグレアム・バターピルドゥシさんは100万ポンド（約1億3200万円）という高額の保険を自分のお尻にかけて、人々の耳目を集めました。

彼のお尻はベッドメーカーにとっては不可欠の存在であるため、保険の掛け金はグレアムさんが勤めている企業が払ってくれているようです。

お尻にこれだけ巨額の保険をかけているのは、グレアムさん以外では、歌手のジェニファー・ロペスさんやビヨンセさんぐらいではないでしょうか。

普通にベッドテスターをする

月給 13万2千円

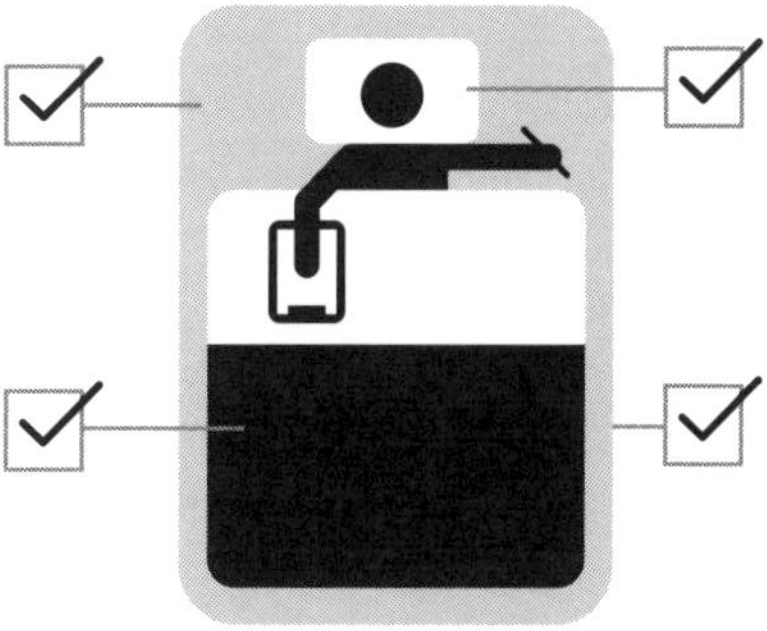

寝すぎておぼえてない

月給 5万2千円

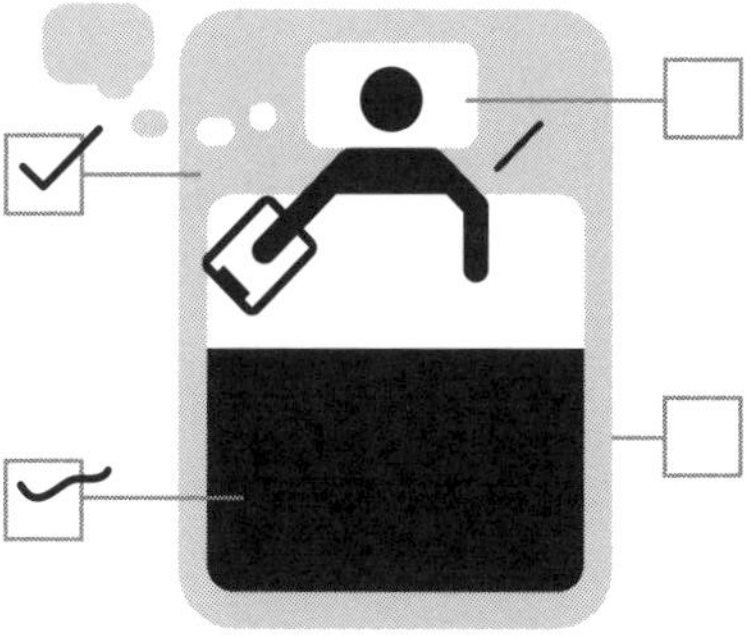

おもらしする

クビ

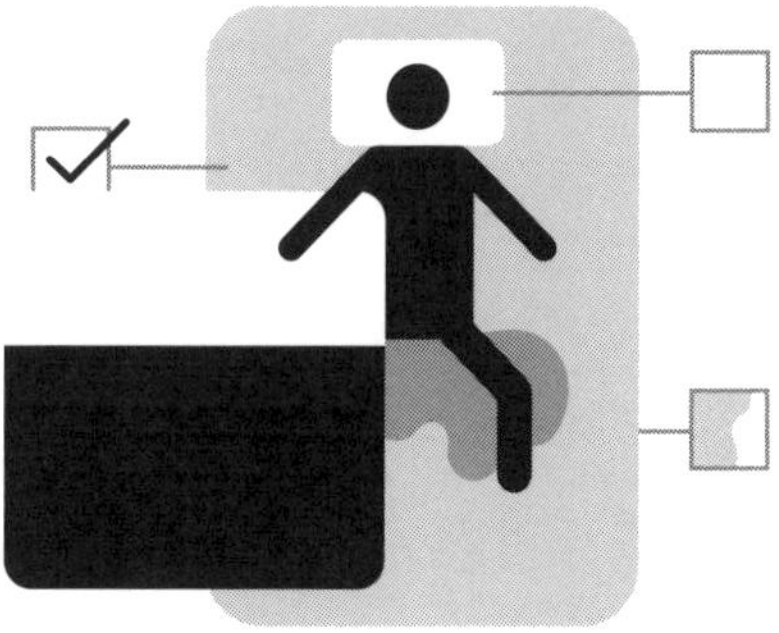

最後に、お父さんがM性感で快感を得ながら、同時にお尻の感覚を敏感にする超裏ワザを紹介しておきましょう。

ノルウェーのオスロ大学の最新の研究結果によると、痛みの感覚はそのときの状況や本人の予測によって感じ方が変わることがあきらかになりました。

そして、本人があらかじめ予測していたほど痛くなかったとき、人はその感覚に快感を覚えるということです。

たとえば、見ず知らずの人にお尻を叩かれて「あれ？　思ったほど痛くない」と感じたとき、その痛みは快感となり、ひいてはお尻の感覚を研ぎ澄ますことにもつながるというわけです。

「ベッドテスター」のプロをめざすお父さんは、M性感のプレイの一環で女の子にお尻を叩いてもらう際、最初にお尻を強く叩いてもらった後、次に少し弱くお尻を叩いてもらうと、「痛いと思いきや、あれ？　それほど痛くない」という新鮮な感覚が生まれて、その感覚を「ベッドテスター」の仕事にも生かせるはずです。

ストイックに技術を磨いて、自分のお尻を神業の領域にまで高めたいお父さんは、ぜひ、実践してみてください。

RECRUITING

レンタル彼氏

JOB DESCRIPTION

- 時給2000円〜5000円
- 容姿端麗必須、人生相談力さらに良し
- 恋愛相談から、洋服選び、お風呂掃除まで。彼氏というよりお父さん力を発揮すれば、高収入確実な仕事です。

「女性に貢いでもらいつつ、お金の心配をすることなく思いっきり人生をエンジョイしたい」という根っからのジゴロ体質のお父さんにぴったりの裏ハロ仕事があります。それが出張ホストのサービスです。

出張ホストというのは、女性客と一緒に映画鑑賞やショッピング、ドライブ、カラオケ、観光、食事などをして、女性客にデート気分を味わわせてあげるサービスのことです。お店への出勤が義務づけられるホストクラブと違って、出張ホストは本業の仕事をしながら空いたスケジュールで仕事ができます。

出張ホストを利用する女性の数は年々増加しており、マーケットは拡大傾向にあります。たとえば、子育てや仕事に疲れた中年の主婦は出張ホストを呼び、ホストとデートすることで、日ごろのストレスを発散しています。

一方、独身の中年女性の場合、東京ミッドタウンなどのデートスポットに行ってみたいという気持ちがあっても1人で行くのは寂しいので、そういうときに出張ホストのサービスを利用するようです。

もしあなたがこの仕事をやってみようかなと思ったら、インターネット上に出張ホストを募集しているサイトがたくさんあるので、まずはこちらに登録してみましょう。登録が完了すると、ホームページ上にあなたの写真やメルアド、趣味・特技、自己紹介などが公開され、それを見た女性客からの指名を待つという流れになります。

それでは、出張ホストの仕事でどれぐらいの稼ぎが期待できるのでしょうか。デート1時間あたりで2000円〜5000円ぐらいが料金の相場です。食事代や交通費は基本的に女性客が全額負担することになっています。

経費として、出張ホストのサイトへの登録・掲載料がかかってきますが、女性客とのデートを3回ぐらいすれば回収できるでしょう。

ただし、出張ホストには詐欺的なサイトがたくさんあるので、初心者のお父さんは十分な注意が必要です。詐欺サイトを見きわめるのはむずかしいのですが、登録料などの名目で数十万円の高額なお金を要求してくる場合は、詐欺サイトの可能性が高いといえます。このような詐欺サイトの被害は枚挙にいとまがありません。

94年には、応募男性3200人から総額13億円をだまし取っていた悪質な出張ホストクラブが摘発されました。このホストクラブは「女性会員と1年間交際すれば、700万円の収入になる」などと勧誘し、入会金や営業経費などの名目で、1人あたり平均41万円をだまし取っていたということです。

「出張ホストは詐欺の被害に遭うリスクが高いのでちょっと怖い」という気弱なジゴロのお父さんは、サイトには登録せず、個人でこじんまりした出張ホストのビジネスを展開するという手もあります。

ただ、個人で出張ホストをする場合、よほどルックスがよくないとリピーターを獲得するのはむずかしいでしょう。

さらには、出張ホストと似たサービスで「レンタル彼氏」を始めてみるのもいいかもしれません。「レンタル彼氏」は一部の出張ホストが提供しているような性的なサービス（ホテルでの性感マッサージなど）はいっさい取り扱っていません。「レンタル彼氏」のサービスを提供する店は、顧客との性交渉を厳しく禁止していて、会社によっては「顧客と2人で個室に入ってはいけない」「顧客とキスをしてはいけない」など個別の行為ごとに禁止事項を設け、違反した場合には即刻デート中止としているところもあります。浮気や不倫に発展する恐れがなく、安心して、気軽に利用できるということで、既婚女性のヒマつぶしとして人気を集めています。

業界関係者によると、利用者全体の4割ぐらいが主婦層で占められるということです。しかも、リピーターが多いのが「レンタル彼氏」の特徴で、リピーター率は5割ぐらいにも上ります。一度お試し利用してもらえば、そのまま常連客になる可能性が高いため、初回に限っては、通常料金の半額で「レンタル彼氏」のサービスを提供している会社もあります。

なお、どの「レンタル彼氏」のサービスも料金は完全前払い制になっています。これは、女性客がデートの余韻にいつまでも浸れるよう、配慮しているからです。

そのほか、(どういう人が利用するのかはよくわからないのですが)オヤジ色を前面に打ち出して、1時間1000円で「レンタルおっさん」のサービスを提供しているお父さんもいます。「レンタルおっさん」は老若男女を問わず、恋愛相談やファッションのコーディネート、風呂掃除など何でも引き受けてくれるそうです。

ジゴロ体質のお父さんは、出張ホスト、レンタル彼氏、レンタルおっさんのどれが自分に向いているのかよく検討したうえで、試行錯誤しながら、無理のない範囲で、がんばってみてください。

楽しく過ごす

時給 2000円

キスする

時給 0円

結婚する

クビ

RECRUITING

ネット占い師

JOB DESCRIPTION

- 時給3000円〜4000円
- 容姿不問、おなら、セックス占い等新規歓迎
- 霊感体質お父さんは本業にしてもいいかも。だれも思いつかない斬新な占いを考えて評判になればボロ儲けです。

「小さいころからよく正夢を見てきた」「巷で危険だという評判の心霊スポットに行くと、これ以上ここにいてはいけないという胸騒ぎがする」など、自分にはなにか自然の法則では説明のつかない予感や予知能力のようなものが備わっているのではないか……。

そう思っている霊感体質のお父さんは、この際、裏ハロ仕事で占いビジネスをやってみてはどうでしょうか。

ビジネスや恋愛など、人生のさまざまな場面では、常に不確実性がつきまといます。いつ会社をクビになるかもわからない成果主義が浸透した影響からか、昨今、占いビジネスは大盛況です。

著名な占い師のもとには、自分の運勢を占ってもらおうと、占いマニアが行列をつくっています。泊りがけで並ぶ人もいるほどです。

ひとくちに占いビジネスといっても、さまざまな種類があります。大きく分けると、「命」「卜」「相」の3つです。

まず「命」というのは、生年月日、時間、生誕地といった情報をもとに人の運命や宿命を占うもので、統計学的な色彩が強いといえます。四柱推命、西洋占星術、算命占星術などがこれにあたります。

次に「卜」は、占う対象と占題を絞ったうえ、占う時点の占機によって、近未来の吉凶を占うもので、タロットカード占い、トランプ占い、ホラリー占星術、水晶占い、おみくじ占いなどがこれにあたります。

また「相」は手や顔など目に見える形などから、現状や未来を推量して占うもので、手相占い、人相占い、家相占い、姓名判断などがこれに含まれます。

最近では、インターネットやスマートフォンの急速な普及によって、ネット占いが注目を集めています。

ネット占いは対面型の占いに比べて、低料金で手軽に占いを楽しめるということもあって、20代、30代の女性を中心に需要の裾野が大きく広がってきています。ネット占いは、時間や場所の制約がありませんので、本業のあるサラリーマンにオススメの副業といえるでしょう。

では、どうすればネット占い師になれるのでしょうか。実は、占い師になるにあたっては特別の資格は必要ありません。固定費・変動費などの経費もそれほどかかりません。そのため、新規参入は比較的容易です。

とりあえず、近所の本屋さんに行って、タロット占いや手相占いなど自分に向いていそうな占いを選んで、その本を買い、家でひととおり読みましょう。そのあとで、占いサイトに登録するといいでしょう。

副業でネット占い師になった場合の報酬は、平均すると時給3000円~4000円ぐらいです。店を構えて営業している占い師の場合、時給6000円~9000円ぐらいなので、店舗型に比べるとネットのほうが安くなりますが、普通の副業に比べればかなりの高給といえるでしょう。

しかも、占いの値段は自由につけることができます。「よく当たる」と評判になれば、口コミであっという間に評判が高まり、占ってほしいという人が殺到します。結果、1回あたり数万円の価格設定も可能になるというわけです。

占い師になりたてのお父さんは、「初回無料」などと宣伝すれば、興味半分で占ってもらおうというお客さんが出てくるかもしれません。

副業で始めたネット占いのビジネスが、いつのまにかメインの収入を上回るようになっていたというケースもあります。

高額報酬が期待できるということもあって、ネット占いには新規参入が相次いでおり、顧客争奪戦は激化しています。

このため、同業他社との差別化を図るべく、ネット占いの種類も大幅に増えており、ユニークな占いもたくさん登場しています。

お父さんがネット占いに新規参入するなら、斬新でインパクトのあるアイデアで顧客を惹きつける必要があるでしょう。

お客さんに好きな絶滅動物を選んでもらって性格を占う「絶滅動物占い」、人気アニメ『機動戦士ガンダム』に登場する歴代モビルスーツで占う性格診断、その日のベストなおかずで運気を上げる「AV占い」、お客さんのセックス・テクニックを鑑定する「セックス占い」、その日の自分の男性器の向きによって運気を占う「性器占い」など、持ち前の霊感を働かせてオリジナリティーの溢れた占いに挑戦してみてください。

RECRUITING

イベント集客屋

JOB DESCRIPTION

- 時給1万円以上
- 容姿不問、SNS友人100人以上必須
- 友だち100人以上いるチャラいお父さんはこの仕事。とにかくイベントに友だちを送り込んで、左ウチワ。

「地元で開催される夏祭りでは、盆踊りやみこし担ぎ、金魚すくいなどでいつも八面六臂の大活躍をする」「これといった目的があるわけではないが、とにかくいろいろなパーティやイベントに参加するのが大好き」「ミクシィやフェイスブック、LINEなどSNS(ソーシャル・ネットワーキング・サービス)で交流している友達がざっと100人以上はいる」など、リアルの世界、バーチャルの世界を問わず「超」がつくほどに社交的なお父さんにオススメの副業があります。

それが「イベント集客屋」の裏ハロ仕事です。

「イベント集客屋」の仕事はいたって簡単です。出会い系パーティをはじめ、毎夜全国各地で

開催されるさまざまなパーティ・イベントの主催者から依頼を受けて、リアルの友人やSNS・メールでつながっている友達に向けて告知を行ない、自分の友達をそのパーティ・イベント会場に送り込むだけです。

集客の対価として、主催者側から参加費の一部をバックマージンとして受け取ることができるのです。

インターネットがつながっている環境であれば、いつでもどこでもできる仕事なので、本業がいそがしいサラリーマンであっても、通勤途中の電車の中や会社の休憩時間、土日の休日など、ちょっとしたスキマ時間を活用すれば収入につなげることができます。

仕事の内容は簡単なのですが、パーティ・イベント会場にそれなりの人数を送り込むには、案内文の作成にあたって、ちょっとしたテクニックが必要です。

案内文が機械的で堅苦しい感じ、改まった感じだと、人集めはうまくいきません。「今度、友人が六本木にオシャレなバーをオープンすることになって、開店記念でイベントを開催するんだけど、もしよかったら参加しませんか?」というように、できるだけプライベートな雰囲気を醸し出すのがいいでしょう。誰でも軽いノリで参加できるように工夫するのです。

それでは、この副業でどれぐらいの稼ぎになるのでしょうか。

裏方の仕事ですが、かなりの収入になります。通常は、イベントの告知をして、それを見て来訪した参加者の会費から50パーセントがバックマージンとして「イベント集客屋」に支給されます。

1回のイベントで入ってくる収入は、平均すると数万円ぐらいになります。案内文の作成など、告知の作業に必要な時間は1日あたり1〜2時間程度にすぎないので、時給は軽く1万円を超えます。

できるだけたくさんのパーティ団体と契約して、それぞれのパーティ・イベントに多くの友人・知り合いを送り込めば、月収40万円以上を稼ぐことも可能です。仕事が軌道に乗れば、パーティの主催者よりもずっとラクに稼げるようになります。本業の収入より「イベント集客屋」の副業収入のほうが多いといった人もけっこうな数に上ります。

この仕事の注意点としては、キャンセル率が高めになるということが挙げられます。友達は、あなたからの案内を受けて参加を決めることになるので、自発的に参加を決めるケースに比べれば当事者意識は薄れます。その分、キャンセル率も高めになってしまうというわけです。

おおよその着地点として、参加を表明した人数の70パーセントぐらいを考えておくといいでしょう。雨など天候が悪いときは60パーセントぐらいです。

ちなみに、この副業のいちばんの稼ぎ時は、10月のハロウィンや12月のクリスマスなど、イベントシーズンになります。

とりわけ、クリスマスの時期には、たった1日集客するだけで100万円以上の収入がゲットできるケースもあるということです。

本業ではいつも上司から怒鳴られてばかりでうだつが上がらず、「この副業で徐々に収入を増やしていって、いずれは本業にしたい」と考えているお父さんは、普段から身銭を切って「飲み会」「異業種交流会」「出会い系パーティ」などさまざまなパーティ・イベントに顔を出しておくといいでしょう。

このような地道な努力を続けているうちに、友達の数がみるみる増えて、これらの友達がいつの日にか、パーティ・イベント参加者となって、あなたの収入源になってくれるのですから……。

また、友達を増やすべく「出会い系パーティ」で地道にナンパを続けていれば、お金だけでなく、ナイスバディの美女と2人で過ごす甘い時間をゲットするといった幸運に巡りあえるかもしれません。

「イベント集客屋」は、まさに一石二鳥のおいしいビジネスといえるでしょう。

RECRUITING

ネットスカウトマン

JOB DESCRIPTION

- 1スカウト3万円以上
- IT知識必須、金の卵スカウト報酬莫大
- ひたすらパソコン見ていられるオタク系お父さんに最適。ネットで女性探して紹介するだけで意外な収入あり。

今回は、休日は書斎にこもってインターネット三昧、仕事はネット関連といった、ネットオタク系のお父さんにオススメの裏ハロ仕事を紹介しましょう。

それが「ネットスカウトマン」の副業です。

ネットスカウトマンというのは、モデルやキャバクラ、性風俗店、AV（アダルトビデオ）女優など、おもに夜の仕事を希望する女性をインターネット上で探してきて、お店に紹介する仕事です。街頭で道行く女性に声をかけるスカウトマンのネットバージョンと考えてもらってさしつかえありません。

ネットスカウトマンは、リアル・スカウトマンのように時間的に拘束されることがなく、毎

日あいた時間で活動できるので、サラリーマンの副業としてはうってつけといえます。

実は、スカウト業界では、ここ数年の間にネットスカウトマンの数が急増しているといわれています。

この背景には、街頭でのスカウト行為に対する規制強化という流れがあります。

たとえば東京都は、07年、迷惑防止条例で路上でのスカウト行為を全面的に禁止しました。この条例の規定に違反して路上スカウトをした者は、50万円以下の罰金又は拘留若しくは科料に処せられます。ちなみに、報酬を払ってスカウト行為をさせた者は、100万円以下の罰金に処せられます。

他の自治体でも街頭でスカウトする行為を禁止するケースが相次いでおり、昔ながらのスカウト行為はむずかしくなっているというのが実情です。そうしたなか、スカウト業界で重宝されているのが、ネットスカウトマンなのです。

ネットスカウトマンには、昔ながらのスカウトマンとはまったく異なる資質が求められています。

街頭で女性をスカウトする場合は、巧みな話術とルックスのよさが重要な武器となりますが、ネットの世界ではそのような話術やルックスのよさはいっさい必要なく、ホームページの作成方法などＩＴ（情報技術）に関するくわしい知識だけが求められます。

女性を口説くことに自信があっても、「IT」を思わず「イット」と読んでしまうような「情報弱者」、通称「情弱」のお父さんが、ネットスカウトマンとして成功するのは非常にむずかしいでしょう。

人見知りのシャイなお父さんであっても、直接対面することのないネットスカウトマンなら、臆することなく安心して仕事に励むことができます。また路上に出なくていいので、会社の上司や同僚にばったり出くわす危険もありません。

さらに、リアル・スカウトマンの場合、1日でアプローチできる女性の数には限りがあるのですが、ネットスカウトマンの場合、効率よく仕事をすれば、1日で100人以上の女性にアプローチすることも可能になります。

もし、あなたがネットスカウトマンをやってみようと思うのなら、プロダクションやスカウト会社と直接契約するのではなく（これだと自分でオリジナルのホームページを作成しなくてはならないし、紹介する女性の職種も限られてしまうため）、ネットスカウトを専門に行なっている業者の「アフィリエイト（提携という意味で、企業などが持っている商品を代わりに販売するビジネスのこと）」になるのがいいでしょう。

アフィリエイトになると、専門業者のほうから、スカウトマン専用の求人ホームページが送られてきます。

お父さんがやるべきことは、そのホームページを友人に紹介したり、自分の持つフェイスブック、ツイッター、ＬＩＮＥ等に投稿するだけです。あとは、ネットスカウト専門業者が、応募してきた女性をありとあらゆる業種のお店に紹介してくれます。

それでは、この仕事でどれぐらいの稼ぎになるのでしょうか。

報酬体系には２つのパターンがあります。

ひとつは女の子をお店に紹介するたびに報酬を受け取るパターンで、１人紹介するごとに３万円ぐらいの報酬が出ます。

もうひとつは、女の子が紹介されたお店で働いている期間中、継続的に売り上げの一部を報酬として受け取るパターンです。

当然ですが、後者のほうが、報酬額が膨らむ可能性が高いといえます。あるネットスカウト専門業者に登録した男性の場合、紹介した女性が勤務先で月５００万円の売り上げを出し、その10パーセントの報酬を受け取ることで月50万円を稼いでいるということです。

成果給なので、女の子を紹介することができなければ報酬はゼロになってしまいますが、下手な鉄砲も数打ちゃ当たる方式で、いろいろなサイトに投稿すれば、金の卵にぶつかり、巨額の報酬を手にする可能性があるのです。

RECRUITING

クワガタ養殖

JOB DESCRIPTION

- 1クワガタ時価（オオクワガタ1000万円）
- 学歴不問、要ケース、腐葉土、堆肥
- 虫好きお父さんなら、きっとハマるお仕事。部屋の温度さえ一定にできれば、ワンルームでもかなり儲かります。

今回は「子どものころ、学校の勉強はできなかったけど、虫取りだけは得意で、夏休みにはクワガタムシやカブトムシをたくさんゲットして、友達からリスペクトされていた」「少年時代にクワガタムシの魅力にとりつかれ、大人になったいまでも自分の子供と一緒に飼育している」など、クワガタムシやカブトムシが大好きで、少年時代のピュアな心を持ち続けているお父さんにオススメの裏ハロ仕事を紹介しましょう。

それが、クワガタムシ・カブトムシの養殖ビジネスです。「クワガタムシやカブトムシの養殖はむずかしいのではないか？」と思うかもしれませんが、実は手間やコストはそれほどかかりません。

都会のワンルームマンションに住む、しがないサラリーマンでもすぐに始められるので、安心してください。

まず、養殖のために必要なケース（30センチ四方で1500円ぐらい）と、ケースに入れる腐葉土や堆肥（2000円ぐらい）を用意します。1ケースにつき3、4匹ぐらいの幼虫を成育することができます。

養殖の下準備が整ったら、産卵させるために、自宅の近くの山にクワガタムシやカブトムシの成虫を採取しに出かけましょう。

昆虫専門ショップで雌雄のつがいを購入してもかまわないし、面倒くさがりのお父さんは最初から幼虫を買ってきてもいいでしょう。

養殖じたいにそれほど手間はかからないのですが、注意しなければならないのは、室内の温度を20～25度ぐらいに保つという点です。夏場は、エアコンをつけっぱなしにしなくてはならないので、あらかじめ省エネ機能の優れたエアコンを買っておくと、長い目で見てコストパフォーマンスがよくなります。

あなたの努力が実ってクワガタムシやカブトムシが無事羽化して成虫になったら、それを昆虫専門ショップに卸したり、ネットオークションで販売します。

それでは、飼育したクワガタムシやカブトムシは、どれぐらいの値段で売れるのでしょうか？

大まかな相場はあるのですが、その時々の時価で決まるケースが多いのです。養殖ビジネスを手掛ける人が増えたことや、外国産の大量輸入（99年に解禁）によって、「黒いダイヤ」と呼ばれたオオクワガタに1000万円の高値がつくといったバブリーなケースは少なくなりましが、それでもクワガタムシ、カブトムシの人気は高く、ある程度の値段がつくことに変わりはありません。

クワガタムシやカブトムシは種を問わず、体長の大きなものが高く売れるので、できるだけ大きくなるように飼育するのが養殖ビジネスで利益を上げるポイントです。

体長が大きい成虫どうしをかけ合わせると、子の体長も大きくなるという特性があるので、最初に採取・購入するカブトムシやクワガタムシは、大きいものを選ぶようにするといいでしょう。

また、成虫の体長は、幼虫時代にどれだけの栄養を摂取したかによっても強い影響を受けます。

幼虫のエサは朽木ですが、数種類の朽木をブレンドしてやると、たくさんの栄養分を摂取できて、体長の大きい成虫になりやすいといわれます。

ちなみに、俳優の哀川翔さんが2015年の夏、昆虫ショップに持ち込んだカブトムシは、ツノの先端から翅（はね）の先までの全長が88・0ミリを記録し、2012年に出た87・3ミりの記録を3年ぶりに更新したということです。

普通サイズのカブトムシは1匹650円ぐらいの値段で販売されますが、このカブトムシはそれよりもはるかに高い値がつくと予想されています。

あなたの努力と愛情次第では、哀川翔さんのように、ギネス級のクワガタムシやカブトムシを育て上げることに成功するかもしれません。クワガタムシの養殖ビジネスで月20万円以上の副収入をゲットしている人もいます。

ところで、せっかく愛情を注いで卵から成虫まで一生懸命育てたのに、昆虫ショップに持ち込む前にクワガタムシやカブトムシが死んでしまうといったアクシデントに見舞われることもあります。

しかし、泣くのはまだ早いでしょう。ビジネスチャンスは残っています。まさに哀川翔さんの名言「昼、昼、でダブル太陽」のごときビジネスチャンスがあるのです。

それは死骸を標本にすることです。

クワガタムシやカブトムシの標本コレクターはシニア層に多く、ネットオークションなどで盛んに取引されています。死骸を標本にするにあたっては、腐ることのないよう、できるだけ早めに作業を進めることが重要です。

RECRUITING

チャットボーイ

JOB DESCRIPTION

●時給2000円～4000円
●選考上委細面談、容姿端麗必須
●容姿と会話術に自信ありのお父さんなら、ナイスな裏ハロ仕事。じつはいま、売り手市場のためオススメです。

自分の容姿や女性との会話に自信のある、ちょっぴりナルシスト系のお父さんにオススメの裏ハロ仕事があります。

それが、ライブチャットの「チャットボーイ」です。

インターネットをあまり利用しないお父さんには耳慣れない言葉かもしれませんが、ライブチャットというのは、ウェブカメラを使って、ネット上でお互いの顔を見ながらチャット（会話）などでコミュニケーションを楽しむサービスのことです。

数年前までは、チャットレディといって、サイトに登録している女性パフォーマーが男性客にチャットのサービスを提供していたのですが、最近では、その男性版であるチャットボーイの需要が急増しています。

チャットボーイを利用するのは、おもに20代~40代の女性です。意外なことに、顧客の大半は、同業者であるチャットレディとなっています。

なぜかといえば、四六時中ウェブカメラに向かって、しつこい男性客を相手に愛嬌や笑顔を振りまくうちに、精神的なストレスが蓄積するチャットレディが増加。ストレスの溜まったチャットレディが、チャットボーイとのコミュニケーションでウサ晴らしをするようになっているからです。

チャットボーイのサービスが込み合う時間帯は、22時~深夜1時の3時間で、その時間帯が稼ぎ時といえます。

お父さんがこの副業を始めるにあたって必要な初期投資は、ウェブカメラとパソコンのみです。

在宅の仕事になるし、パソコンはほとんどのお父さんがすでに持っていると思いますので、実質的に出ていくお金はウェブカメラにかかる費用だけでしょう。ウェブカメラのレンタルサービスを提供しているライブチャットの業者もあります。

ウェブカメラを自分で購入する場合、家電量販店に行けば3000円ぐらいで買えますが、チャットでは高品質のウェブカメラを使ったほうが（画質がよくなって）女性客がつきやすいので、多少値段は張ってもワンランク上のウェブカメラを買っておくといいでしょう。

ウェブカメラの取り付けが終わったら、さっそくライブチャットの業者に登録してみましょう。

チャットボーイの登録では、「応募資格は18歳～30歳ぐらいまでのお話好きな男性」など年齢制限をつけているサイトもあるのですが、40歳を超えた壮年期のお父さんでも登録できるサイトもたくさんあるので安心してください。

女性客が、登録している複数のチャットボーイの中からあなたを選ぶかどうかは、あなたのビジュアル次第なので、やはりサイトに登録する写真は若い連中に負けないようできるだけイケメンに見えるものを用意するのが得策です。

会社の同僚や奥さんにさまざまな角度から撮影してもらうなどして「奇跡の1枚」をモノにしましょう。

女性客には、目ヂカラのあるアップの画像が人気となっています。「奇跡の1枚」で女性客の気を引いてクリックしてもらえば、あとは、実物が写真に比べて見劣りしても、長年の営業で鍛えられた巧みなコミュニケーション能力でカバーできます。

実際、イケメンというだけでは、収入アップにつながらないことがわかっています。イケメンのチャットボーイは、はじめのうちは人気が出るかもしれませんが、女性の話をちゃんと聞くことができなければ、顧客はすぐに飽きて他の人のところに行ってしまいます。リピーターを獲得するには、いかに女性に楽しい時間を過ごしてもらえたかが重要になります。

現在、業界ではチャットボーイが不足気味なので報酬は高めです。時給は2000円～4000円ぐらいになります。

指名のランキングや女性客のログイン時間によって、高額ボーナスを支給しているサイトもあります。友達を紹介するだけで3000円ゲットできるところもあります。たとえ、女性客がつかず全然稼げなくても、待機保障を払ってくれる良心的なサイトもあります。報酬は週単位で支払うサイトが多く、毎週あなたの指定の銀行口座に振り込んでくれます。人気のチャットボーイになると、月90万円以上も稼げるようです。

ただ、今後については、現在のチャットガールのように報酬面での魅力が薄れてくる可能性もあります。チャットガールの場合、サイトの数や登録する女性の数が急増した結果、業者間の競争が激化しており、報酬は伸び悩み気味となっています。待機保障のあるサイトはほとんどないというのが実情です。

お父さんがチャットボーイの副業を始めるなら、まだチャットボーイが黎明期にあるいまが絶好のタイミングと言えるでしょう。

第六章

「体力だけは自信あり」お仕事

RECRUITING

自販機・設置場所紹介

JOB DESCRIPTION

● 1設置2万円〜5万円
● 学歴不問、出退勤自由、要気さくな声かけ力
● 散歩好きのお父さんにも、高収入の道あり。歩いて声かけて自販機設置場所を紹介するだけで、驚きの収入です。

「好きなテレビ番組は、『ブラタモリ』（NHK）、『じゅん散歩』（テレビ朝日）、『モヤモヤさまぁ〜ず2』（テレビ東京）だ！」「合コンで趣味を聞かれたら、必ずお散歩と答える」「近所を探索して、街の魅力を再発見することに生きがいを感じる」など、お散歩が大好きなお父さんにオススメの裏ハロ仕事があります。

それが「自動販売機の設置場所紹介」のアルバイトです。

この仕事は、お店や個人宅、駐車場、病院など自販機の設置に適している場所を自分で見つけて、その場所の所有者を自販機の業者に紹介するというものです。

「ちょっとすみません、ここに自販機を置いていただけませんでしょうか？」と声をかけて紹

介すれば、具体的な設置の交渉は自販機業者が行ないますので、特別なスキルやセールストークは必要ありません。

いつものように近所を散歩したり、ウォーキングをしているときに、「この場所に自販機があったら、さぞかし便利だろうな」と思ったら、その土地の所有者をたずね、気軽に声をかけてみましょう。

働く時間はまったく自由なので、平日はいそがしいサラリーマンであっても土日を使って取り組むことができます。

ところで、広く世界を見渡しても、日本ほど自動販売機が普及している国はないと言われています。

たとえば、一般社団法人日本自動販売機工業会の調査によると、2015年末時点で国内の自動販売機の設置台数は500万1700台にも上ります。設置台数は米国の645万900台には届きませんが、人口あたり、あるいは面積あたりでみれば、断トツで世界第1位です。日本は他国に比べると治安がいいので、自販機窃盗の被害もあまり出ません。このため、自販機の設置がこれだけ多いのだと考えられます。また、日本の自販機の売上高はなんと4兆8811億円にも達します（2015年）。

「こんなに自動販売機がたくさんあるというのに、まだ設置場所が残っているのかな？」と思うかもしれません。

しかし、自販機業者は、まだまだ新規の設置場所を開拓中のようなので、そうした心配はご無用です。

それでは、自販機の設置場所紹介でどれぐらいの報酬（仲介料）が得られるのでしょうか？

このアルバイトは、成約して自販機が設置されたときに報酬が支払われる実績給となっています。東京23区内に設置する場合、1台あたり2万円～5万円の報酬になります。地方ですと、最高で1台あたり3万円ぐらい。

実績給とはいえ、他のアルバイトと比べれば、かなりの高額報酬です。成約台数が多い人には、ボーナスを支給している業者もあります。月5台のペースで成約に至れば、月収は10万円～25万円にもなる計算です。

実際、この副業をしているサラリーマンで、月30万円を稼いでいる人もいます。近所に友達がたくさんいる人や会社で営業職をしている人は、この仕事で収入アップを実現しやすいでしょう。

飛び込みで「自販機を設置させてください」といっても、警戒されてなかなか応じてくれませんが、知り合いであれば、「ちょっと話を聞いてみようかな」という気持ちになりやすいからです。

もし、この副業に興味をもったなら、自販機の設置場所を開拓している専門業者が複数あるので、募集条件を確認しながらホームページから応募してみましょう。電話面接を受けるだけで、すぐに仕事を始めることができます。

紹介を受けて、自販機のオーナーになる土地の所有者にとってもメリットが大きいといえます。基本的にオーナーの出費は電気代のみとなります。毎月の電気代は、だいたい2000円~4000円です。

繁華街など人通りが多いところであれば、月3万円ぐらいの自販機収入は固いので、かなりの確率で黒字になります。

デメリットといえば、空き缶などのゴミが散乱することぐらいですが、業者に連絡すれば、すぐ掃除に駆けつけてくれますので問題ないでしょう。

自販機の下に落ちているお金は平均すると、1台あたり、たったの9円。散歩中、自販機の下にお金が落ちていないか確認していたお父さんは、そんなセコイことは今日でもうおしまいです。

これからは、自販機の設置場所を探すことに専念したほうがいいでしょう。

RECRUITING

お遍路代行

JOB DESCRIPTION

●日給1万円（ただし車遍路）
●要普免、要体力、要慈悲心
●ゴリマッチョ系のお父さんのためのお仕事。自動車免許と時間さえあれば、人助けしながら懐あたたかです。

今回は「日ごろからスポーツジムでベンチプレスやスクワットなどの筋トレをしているので体力には絶対の自信がある」「毎朝、皇居の周りをマラソンしてから出社しているので足腰はかなり丈夫だ」「長年ガテン系の仕事をしていたおかげで、鋼のように強靭な肉体を手に入れた」といった、いわゆるゴリマッチョ系のお父さんにピッタリの裏ハロ仕事を紹介しましょう。

それが、お遍路の「巡礼代行」の副業です。

お遍路というのは、四国四県に存在する八十八カ所の霊場を訪ねる旅のことを指します。平安時代の高僧、弘法大師（空海）が、生地である四国の山や海辺で厳しい修行に励んだので、お遍路は弘法大師ゆかりの四国となっているのです。お遍路の行程は距離にして、なんと1400キロメートルにも及びます。

近年、お遍路は大人気になっています。お遍路参りの目的で四国を訪れる人は増加傾向で推移しており、現在のお遍路人口は年間数十万人にも達します。

体力的にきついといわれる歩き遍路（八十八カ所の札所をすべて徒歩で回ること）を選択する人も増えており、歩き遍路人口だけでも年間5000人といわれます。

最近のお遍路参りの特徴としては、20代、30代といった比較的若い世代の人たちが「自分を見つめなおしたい」という気持ちから、お遍路に参加するケースが増えているという点です。また、人生の問題に対する答えを求めて、遠く海外からお遍路に参加する外国人も出てきています。

このように、お遍路参りの関心は高まっているのですが、なかには「仕事がいそがしくて、お遍路参りをする時間的な余裕がない」「すでに高齢でお遍路をするには体力的に厳しい」「親孝行で両親に満願を達成した納経帳をプレゼントしたい」「四国からかなり離れたところに住んでいるため、お遍路参りはむずかしい」という人もいます。

お遍路参りをしたくてもできない人に代わって、四国八十八カ所の札所を巡るというのが「巡礼代行」のビジネスなのです。

「ちょっと待ってくれ。代理参拝では、ご利益はないのではないか？」という人もいるかと思いますが、代理参拝であってもご利益は変わらないので安心してください。たとえ代理参拝であっても満願を達成した納経帳を故人の棺桶の中に入れてあげれば、その人は必ず極楽浄土に旅立つことができます。

もし、あなたが「巡礼代行」のビジネスをやってみようかなと思ったなら、自分でインターネット上にホームページを開設するところから始めましょう。ホームページに具体的な巡礼計画と料金を提示して、全国から依頼者を募ります。必要であれば、依頼者と直接会って、綿密に巡礼の計画を立てていきます。

では、「巡礼代行」の副業はどれぐらいの報酬になるのでしょうか。報酬は「歩き遍路」にするか「車遍路」にするかで変わってきます。

「歩き遍路」の場合、すべての札所を参拝するのに最低でも50日間は必要になります。一方、「車遍路」の場合、すべての札所を参拝するのに10日間ぐらいが必要です。

「歩き遍路」の報酬は50万円以上が相場となっていますが、サラリーマンとして本業の仕事があるお父さんの場合、50日間の休暇を連続して取得するのは不可能です。連続休暇を何回かに分けて取得して、数年がかりで満願を達成するという手もありますが、これでは副業としてかなり非効率になってしまいます。

歩き遍路

報酬 50万円

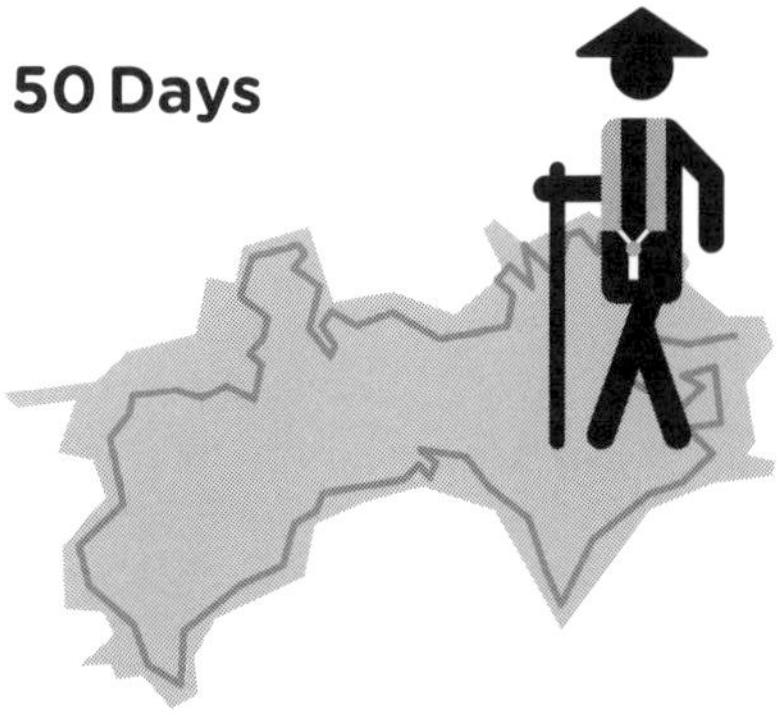

車遍路

報酬 10万円

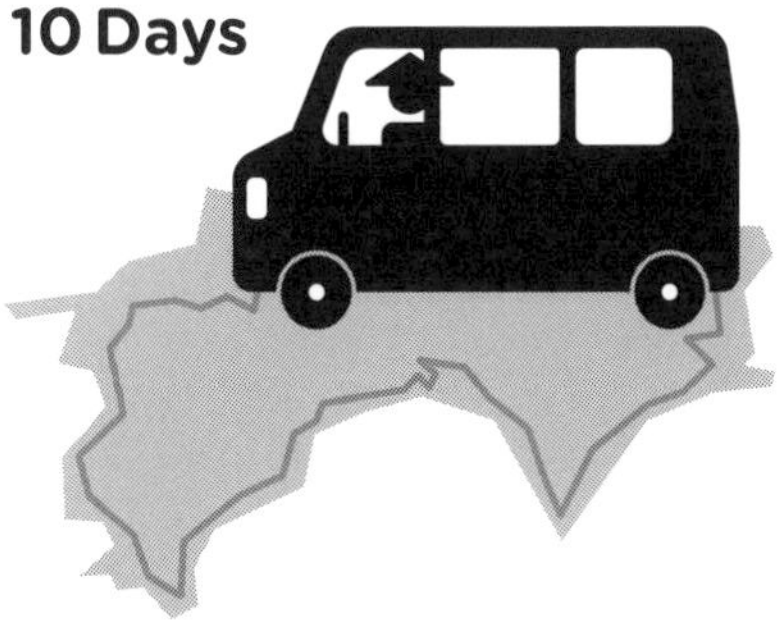

リニヤモーターカー遍路

クビ

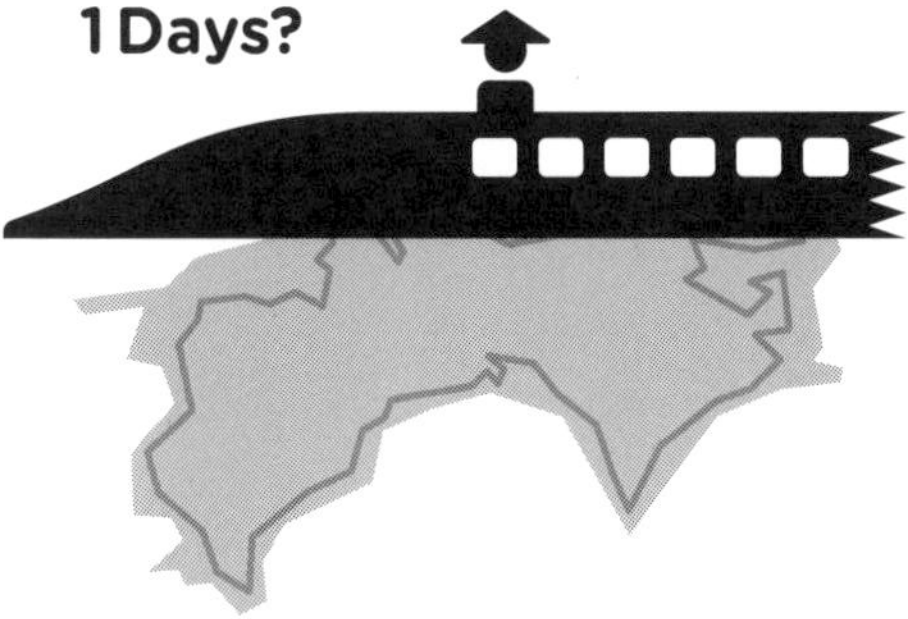

やはりお父さんが副業で「巡礼代行」するには、「車遍路」という選択肢しかないでしょう。

「車遍路」の場合、お遍路の装束はあらかじめ後部座席やトランクの中に入れておきます。寺院の駐車場に着いたら、私服の上から白衣を羽織って、菅笠などを着用して境内へ向かうという流れになります。

車遍路による報酬は、10日間で25万円程度になります。この中にはガソリン代や白衣・菅笠・金剛杖・輪袈裟・数珠、納経帳御朱印代などの必要経費が含まれます。また、巡礼中、証拠として札所で撮影した写真葉書を、現地から依頼者のもとに送付しなければなりません。

代理参拝にかかる諸費用を差し引けば、10日間で正味10万円程度の利益になります。1日あたりでは1万円の利益ですが、この金額を高いとみるか低いとみるかはあなた次第です。

たとえ車とはいえ、強靭なゴリマッチョの肉体を駆使して、大自然に囲まれながらおのれの限界を試すことができます。

何より、人々の極楽浄土への旅立ちのお手伝いにもなるので、この報酬額は妥当と言えるのではないでしょうか。

RECRUITING

墓参り代行

JOB DESCRIPTION

- 1墓参り5000円～1万円（交通費支給）
- 学歴不問、墓掃除力必須（墓石の水垢とり等）
- お客様が急増中で、相場もうなぎのぼり。少しの体力と、ちょっとした機転がきくお父さんのための仕事です。

今回は「せっかく夏休みをとったものの、家のローンの支払いなどで給料を使い切ってしまい、家族でどこにも出かけられない！」というトホホな金欠お父さんに向けて、耳よりなサイドビジネスを紹介したいと思います。

それが旧のお盆の時期やお彼岸の時期に仕事が殺到する「墓参り代行」の裏ハロ仕事です。「墓参り代行」というのは、その名のとおり、何らかの事情があってお墓参りができない人に代わって、親類縁者のお墓参りに出向くサービスのことです。

具体的な仕事の内容は、次のとおりです。まず、霊園や墓地に到着したら、お墓の周りの草むしり、落ち葉などのゴミのかたづけ、墓石の手洗い洗浄と拭き上げといった一連の作業を行ないます。

お墓の掃除がひととおり終わったら、仏花と供え物、お水をお供えして、最後にお線香をあげてやれば任務完了です。

「先祖のお墓参りに自分が行かないで、見ず知らずのお父さんに行かせるなんて、ひどい人間だ！」と非難する人もいるかもしれませんが、高齢化や過疎化が進展するなか、「高齢で遠方まで出かけることが体力的に困難になっている」「引っ越しをして、遠方に移ってしまったので、お墓参りがむずかしい」など、お墓参りをしたくても自力でお墓参りができないという人には欠かせないサービスとなっています。

テレビやネットでも、このビジネスが紹介されるようになっているので、知っている人も多いのではないでしょうか。

実際のところ、ここ数年の間に、「墓参り代行」の業者に依頼するお客様の数は急増しているのです。

それでは、「墓参り代行」の料金はどれぐらいになるのでしょうか。サービスの内容次第で料金は変わってくるのですが、平均すれば、お墓参りと掃除代行サービスのセットで、1万5000円～2万円ぐらいとなっています（プラス交通費）。

金欠お父さんが代行業者に登録してアルバイトとして「墓参り代行」をするなら、1件あたり5000円〜1万円ぐらいの報酬になります。お墓参りに時間の指定はないので、かなりフレキシブルに仕事をすることができます。

一方、自分で代行サービス会社を設立する場合は、料金がそのまま自分の懐に入ってくることになります。

「アルバイトでも1件につき1万円ももらえるのか。『墓参り代行』は思いのほか、楽そうな仕事だな」と思ったら大間違いです。

お墓の掃除は体力的にかなりきつい仕事といわれます。とくに墓石まわりの水あかやこけを徹底的に清掃するのは、相当の力仕事になるのです。

また、この副業をするにあたっては、お客様からいかに信用してもらうかが重要になってきます。

遠方から依頼をする場合、直接会うことのできない代行業者が本当にお墓の掃除やお墓参りをしてくれたのかどうか不安に感じるお客様もいることでしょう。そうした不安を取り除くために、墓参り代行をする場合は、お墓の掃除前と掃除後の写真をとって、それをお客様にメールで送って確認してもらうようにするといいでしょう。この仕事をする際には、常に自分の親族のお墓と変わらない意識で、ていねいにやっていく必要があります。

また、同業者と差別化するために、たばこやウイスキー、ビール、おはぎ、ショートケーキなど事前に故人の好きだったものを聞いて、それをお供えするなど、ケース・バイ・ケースできめ細かいサービスを提供できれば、信頼度が高まって依頼の件数が増えること間違いなしです。

最後に、老婆心ながら注意をしておきますと、金欠お父さんが「墓参り代行」の裏ハロ仕事に力を入れるのはいいのですが、それだけでなく、自分の家のお墓参りにも頻繁に出向くようにしてください。

実は、近年、死後に夫の両親と同じ墓に入ることを拒絶する奥さんが増加しているのです。おもな理由は、「知らない土地・夫の祖先、まして嫌いな姑と同じ墓に眠るなんて考えただけで憂鬱」と考える妻が多くなっているからですが、めったにお墓参りに行かないので、「夫の家のお墓が荒れ放題で、こんなお墓に一緒に入りたくない」といった理由もあります。

死後に夫の両親と同じ墓に入ることを拒絶する妻は年々増加しており、こうした現象は「あの世離婚」と呼ばれています。

まさかの「あの世離婚」にならないためにも、自分の家のお墓参りは頻繁に行って、いつもキレイな状態にしておきたいものです。

きちんと
墓参りと掃除

報酬 1万5000円

墓参りで
掃除をさぼる

報酬 0円

墓参りで
お供え物食べる

クビ

RECRUITING

並び屋

JOB DESCRIPTION

●時給2000円〜3000円
●学歴不問、要ヒマつぶし力、野宿力
●忍耐強く、その場で時間をつぶす能力のあるお父さんならうってつけ。金持ち客が多いので相場は、青天井です。

「繁華街にあるラーメン店の前で行列ができているのを見かけると、まだラーメンの味を確かめてもいないのに、なぜか自分も長蛇の列に並んでしまう」「家電量販店の広告で日替わりの特売品を見つけたら、必ず開店前から行列に並ぶ」「遊園地のアトラクションより、むしろアトラクションに並んでいる時間のほうが楽しい」など、待つことがまったく苦にならない忍耐強いお父さんにオススメの裏ハロ仕事があります。

それが「並び屋」のアルバイトです。

「並び屋」の仕事は、いたって簡単です。時間に追われるいそがしい依頼者に代わって、行列に並ぶだけ。

先行販売のブランド品の入手、人気アイドルグループのコンサートのチケット取り、裁判の傍聴券の入手、新作ゲームの購入など、並ぶ仕事は数えきれないほどあります。

「並ぶだけなら専門技術は必要ないし、老若男女、誰にでもできる仕事なので、たいした稼ぎにならないのでは？」と疑問に思うお父さんも多いかと思いますが、実は「並び屋」の平均的な時給は2000円〜3000円ぐらいになります。

他のアルバイトに比べると、ダントツに高いのです。もし、3000円の時給で半日（12時間）並んだら3万6000円もゲットできるわけで、小遣いの少ないお父さんにとっては、かなりおいしいアルバイトといえるでしょう。

なぜ、時給がこんなに高いかといえば、「並び屋」の依頼者は、お金持ちやマニアが圧倒的に多く、こうした人たちは、基本的に欲しい物を手に入れるためだったらお金に糸目をつけないというスタンスだからです。

また、お金持ちほど長い行列に並ぶのを嫌う傾向があるため、「並び屋」に仕事を依頼するケースが増えるといった事情もあります。

実際、米国のコロンビア大学の研究によって、お金に余裕のある富裕層は行列に並ぶのを嫌い、お金に余裕のない万年金欠の人はどれだけ待とうが、あきらめずに並び続ける傾向があることが判明しました。

しかも、「並び屋」のアルバイトで並んでいる最中は持ち場さえ離れなければ何をしてもかまいません。

読書好きのお父さんなら本を読みながら並んでいてもいいですし、ゲーム好きのお父さんならスマホでゲームをしながら並んでいてもいいのです。向上心の強いお父さんなら転職でキャリア・アップすべく、並びながら資格取得の勉強をするのもいいでしょう。

ただ、「並び屋」の仕事をしている最中は、体が冷えてトイレに行きたくなっても、行列から抜け出すことはできません。

トイレが心配なお父さんは、水分の補給を必要最小限にとどめておくべきでしょう。前立腺肥大で頻尿気味のお父さんは、残念ながらこの仕事に向いてないかもしれません。まずは、頻尿の問題を克服しましょう。

もしお父さんがこの副業を始めてみようと思ったなら、まずネットで「並び屋」「並び代行」というキーワードを入力、検索してみましょう。

業者のサイトがたくさん出てくるので、これらの中から自分の住んでいる場所に近い業者を選び、アルバイトに応募するといいでしょう。

ところで、「並び屋」のアルバイトでとくに気をつけなければならない仕事があります。それは、幼稚園の願書の並び代行です。

幼稚園の多くは、先着順で入園願書の受付をするのですが、親御さんの間では「受験番号が若いほうが合格しやすい」というジンクスがあって、大人気の幼稚園だと、数日前から順番待ちの列に並ぶよう依頼されることもあります。

有名幼稚園への入園を希望する親御さんの代わりに並ぶわけですから、ジャージに無精ヒゲなどのラフな格好は許されません。数日前から並ぶ場合には、真面目な人に見えるよう型崩れのしていないパリッとしたスーツを着込んだうえ、髭剃りや寝袋を持参して列に並びます。

お風呂に数日間入らないでいると、体臭も出てくるので、デオドラント・制汗剤も必需品となります。

日本人はもともと行列好きといわれますし、最近の世の中では、いそがしい人がますます増えてきているので、「並び屋」の副業に対するニーズは今後も高まっていくことでしょう。小遣い不足に悩む忍耐強いお父さんは、ぜひこのアルバイトに挑戦してみてください。

天下をとった徳川家康をこう表します。「鳴かぬなら鳴くまで待とうホトトギス」。キムタクも「ちょっ待てよ！」のセリフで決めるくらいですから、やはり「待つ」ことは最強の武器なのです。

RECRUITING

ゴミ屋敷クリーニング

JOB DESCRIPTION

- 日給5000円〜1万円
- 学歴不問、要体力、汚部屋入室根性必須
- いまどきの家事メンお父さんのための仕事。急増中の汚部屋女子の家をかたづけて、そこそこ儲かります。

今回は、「会社の仕事はからっきしダメだが、家の掃除ならまかせてくれ」「今流行りの家事メン（家事をする夫）とは、まさに自分のことだ」「いつもトイレをピカピカになるまで磨いて、妻に感謝されている」などといった、掃除が大好きなお父さんや掃除することしか取柄のないお父さんにオススメの裏ハロ仕事を紹介しましょう。

それが、掃除代行（ハウスクリーニング）の副業です。

掃除代行とはその名のとおり、一般家庭に出向き、依頼者に代わって掃除をする仕事のことです。部屋の掃除からエアコン、トイレ、風呂場、キッチン、換気扇、ガスレンジなど室内のありとあらゆる場所をきれいにお掃除します。

「ロボット掃除機も普及し始めているし、掃除代行のニーズなんてそんなにあるわけない」と思うかもしれませんが、実は掃除代行に対するニーズは年々急激に高まっているのです。

というのも、いわゆるゴミ屋敷や汚部屋が増えてきているからです。「仕事がいそがしくてゴミの日にゴミを出せない」「ゴミの出し方について近所の人から苦情が出て、それ以来ゴミを出しづらくなった」など、ほんのちょっとした理由からゴミ屋敷や汚部屋になってしまうケースが多く、いまや日本国内の全物件の1割ぐらいはゴミ屋敷・汚部屋とも言われています。

いったん、自分の家がゴミ屋敷化してしまうと、自力で元の状態に戻すことは不可能で、専門の業者にアウトソーシングするしかないのです。

また、最近では「汚部屋女子（脱ぎっぱなしの洋服や弁当のゴミ、美容グッズなどが散乱し、寝る場所もないような部屋に暮らす女性のこと）」と呼ばれる若い女性が増えており、「汚部屋女子」が掃除代行を依頼するといったケースも増えています。

では、一般社会にはどれぐらいの「汚部屋女子」が潜んでいるのでしょうか。2013年2月に20～29歳の女性552人を対象に行なわれたインターネットアンケート調査の結果をみてみましょう。

「あなたは汚部屋女子ですか？」という質問に対して、「はい、そうです。私が汚部屋女子です。」と自他ともに認める真性「汚部屋女子」は22・8パーセントでした。

一方、周りからは言われないが、自分では「汚部屋女子」だと思う、自称「汚部屋女子」は33・9パーセント。真性・自称を合わせると56・7パーセントの女性が「私は汚部屋女子」だと回答したことになります。

ちなみに、周りからは言われるが、自分では「汚部屋女子」とは思っていない無自覚「汚部屋女子」が8・7パーセントでした。

もしお父さんが、掃除代行の副業をやってみようと思うのなら、各種の求人情報誌や求人サイトでスタッフを募集しているので、すぐに応募してみましょう。掃除代行の報酬は派遣先のゴミの状況によってまちまちですが、未経験者の場合、おおむね日給で5000円〜8000円ぐらいになります。大量のゴミが発生するゴミ屋敷や汚部屋を掃除する場合には、日給8000円〜1万円ぐらいになります。

普通の家の場合、掃除はそれほど大変ではありませんが、ゴミ屋敷や汚部屋を掃除する際には、いろいろとトラップがあるので、注意が必要です。

とくに、掃除代行を始めて間もないお父さんに注意を喚起したいのが、食べ残しの弁当やカップラーメンの容器、飲み残しのペットボトル、髪の毛、ペットの糞、お風呂場に大量発生したカビ、いままで見たことのない得体の知れない虫など、有機系のゴミが蓄積した汚部屋です。

有機系のゴミが蓄積していると、ゴミの臭いがハンパありません。汚部屋の室内で呼吸をするだけで、まるで誰かに鈍器で頭を殴られたときのように、意識が朦朧としてくる場合があります。

　ひどいゴミ屋敷や汚部屋になると、1LDKにもかかわらず、2トン積みトラック3台分もの有機系のゴミが出ることもあるようです。

　しかも、カップラーメンのカップの中に指輪が入っていたりするなど、ときどき貴重品が有機系のゴミの山にまぎれ込んでいるので、ひとつひとつのゴミをていねいに確認していかなければいけません。これだと、片づけだけで丸三日もかかってしまいます。

　汚部屋やゴミ屋敷の中を歩くときにも十分な注意が必要です。というのも、長い年月、家中がゴミで埋まっていたため、床に深刻なダメージが及んでいる可能性が高いのです。

　湿気が逃げずに畳やフローリングが腐ってしまった場合、室内を歩いているうちに、ズボッと足が床を突き抜けてしまう恐れがあります。

「この年になって、若い女性の部屋に踏み込めるなんて幸せだな、ラッキー♪」などと思っていると、地獄の底に突き落とされるようなショックを受けることになります。それればかりか女性不信に陥ってしまうので、あらかじめ覚悟を決めてコトに臨むほうがいいでしょう。

RECRUITING

流木拾い

JOB DESCRIPTION

- ●1本2000円〜5000円
- ●学歴不問（ただし、朝の散歩好き限定）
- ●散歩好きアウトドアお父さんにもってこいの仕事。インテリアブームで、流木1本でも、商売が成り立ちます。

海・山・川といった自然をこよなく愛し、休日には必ずマリンスポーツやダイビング、キャンプ、バーベキューなどに出かける――。

そんなアウトドア派でワイルドな香りを漂わせたお父さんに耳寄りなサイドビジネスを紹介しましょう。

それが「流木拾い」の裏ハロ仕事です。

海岸や川原のあちらこちらに散らばっているスギやユス、ヒノキ、ハゼ、サクラなどの流木。あなたが気に留めなければ、これらの流木は、ただの漂着ゴミにしか見えないでしょう。しかし意外なことに、近年、こうした何の変哲もない天然の流木が大人気となっているのです。

流木にいったいどんな用途があるのでしょうか。ひとつは、流木をインテリアやガーデニングなどに活用するというものです。10年ぐらい前から、流木特有の枯れた風合いやフォルムのユニークさに惹かれて、室内や庭にオブジェとして飾りたいと希望する人が増えるようになりました。

流木を使った家具やオブジェを販売する専門店・工房も全国各地に相次いでオープンしています。専門店や工房で流木を購入する人の大半は、20代、30代の女性です。流木はひとつとして同じものがない「一点」もので個性があり、女性にとっては、それを置いて眺めるだけでも癒しの効果があるようです。大きめの流木を部屋に置いて、プラントハンガーを使って、観葉植物をハンギングする女性もいます。

大きなミラーに流木を張り付け、ミラーフレームとして流木を活用している女性もいます。ボリュームのある流木のフレームが独特の存在感をアピールして、部屋全体を涼しい感じにしてくれるそうです。

流木のもうひとつの用途は、熱帯魚の水槽の展示用に活用するというものです。こちらは、20センチ前後の小さい流木が中心になります。ただサイズが小さいというだけではダメで、買い取ってもらいやすいのは、水に入れると沈んでいくタイプの流木です。実は、水の中で沈む流木は流木全体の5パーセントぐらいしか見つからず、希少価値があるのです。

ここまで読んだお父さんは「タダで拾ってきたものが、お金になるなんてまるで夢のような話ではないか」「いままでタダのゴミにしか見えなかった流木が突然、宝の山に見えてきた」と思ったことでしょう。

もし、あなたが「流木拾い」に興味を持って、ぜひサイドビジネスとしてやってみたいと考えたなら、まずは、早朝に自宅の近くの海岸を散策したり、ジョギングしたりする習慣を身につけましょう。

毎日歩いていると、潮の流れで海岸のどのあたりに流木が漂着しやすいか、おおよその検討がつくようになります。流木がたくさんある場所を見つけたら、そこから価値のありそうな流木を選び出すのです。

ちなみに、流木が見つかりやすいのは、台風の翌日です。たくさんの流木が川岸や海岸に流れ着きます。

大型で色が白っぽい流木は、家具やオブジェの専門店・工房に持ち込むのがいいでしょう。

一方、小さめのサイズの流木は、近所のペットショップや熱帯魚専門ショップに持ち込むのがいいです。ただし、お店の主人とは初対面のお父さんが、突如たくさんの流木を抱えてショップに持ち込んでも、買い取ってもらうのはなかなかむずかしいというのが実情です。場合によっては、ちょっとヤバイ人と勘違いされて、警戒されてしまう恐れもあります。

店に持ち込んで買い取ってもらう場合には、ある程度経験を積んで、店の主人と馴染みになってからのほうがいいでしょう。「流木拾い」の初心者は、拾った流木を一度、自宅に持ち帰って、ネットオークションに出品するのが手っ取り早いと言えます。

では実際のところ、「流木拾い」のサイドビジネスでどれぐらいの稼ぎになるのでしょうか。熱帯魚（淡水）の水槽の展示用の場合、きちんと「アク抜き（流木をグツグツ似て塩分やアクを抜くこと）」などをすれば、1本につき2000円～5000円ぐらいで専門業者に買い取ってもらえます。

ネットオークションでは、もう少し高い値段で売れる場合もあります。1カ月では平均すると3万円～6万円ぐらいの稼ぎになります。元手がゼロで月6万円の収入になるのだから、これはかなりおいしい副業と言えるのではないでしょうか。

最後に、手前みそになって恐縮なのですが、実は、私もあるテレビ番組の企画で流木拾いに挑戦したことがあります。

私は初夏の季節に葉山の海岸まで出かけたのですが、流木探しを始めてから30分ぐらいで枝ぶりのいい流木をいくつも見つけることができました。金額に換算すると、数千円になります。もしかすると、流木拾いの隠れた才能があるのかもしれません。

RECRUITING

パチンコ新台入れ替え

JOB DESCRIPTION

- 時給3000円以上（ただし深夜作業必須）
- 新台試し打ち可、腰痛持ち不可
- パチンコ大好きなお父さんには、夢のある仕事。体力は使うけれど、新台打ち放題込みの仕事はそうありません。

今回は「ギャンブル好きで、お金とヒマさえあれば、近所のパチンコ店に行っている」「給料が入ったら、速攻でパチンコ店に駆け込む。そしてすぐに給料を使い切ってしまう」「近所のパチンコ店が新装開店という情報を聞きつけると、いても立ってもいられなくなる」など、パチンコが大好きなお父さんにオススメの裏ハロ仕事を紹介したいと思います。

それが、パチンコ店での新台入れ替えのアルバイトです。

仕事の内容はいたって簡単。パチンコ店が閉店した後に、店内にあるパチンコ・スロットの旧台を撤去して、新台を搬入するというもの。

若者のパチンコ離れが進むなか、一時期に比べればパチンコ店の数は大幅に減少しています。

とはいえ、全国ではまだ1万1310軒ものパチンコ店があるのです（2015年末時点、警察庁調べ）。また、パチンコ台やスロット台の数は、458万197台にも上ります（2015年末）。

各パチンコ店は、平均すると月に2～3回ぐらいのペースで台の交換をしているので、日本全体で捉えた新台入れ替えの需要は相当な量に上ります。

この仕事のいちばんの魅力は、なんといっても時給の高さでしょう。拘束時間は深夜の23時から3時までの4時間程度。

時給は初心者でも3000円ぐらいになります。作業が終われば、それで任務完了ですが、早くに終わって帰っても日給は保障してくれます。作業終了後には、ビールやお弁当が出ることもあります。

作業に慣れて運搬のスピードが上がってくると、時給が上がるうえ、一晩のうちに複数の現場を回れるようになり、日給5～6万円も稼ぐ人もいるということです（運搬だけでなく簡単な配線の接線、清掃の仕事を含みます）。

あなたが1日5万円の報酬で、週に3回このアルバイトの仕事をするなら、月収で60万円にもなり、本業並み、いやそれ以上に稼ぐことも可能です。

さらに、パチンコ好きのお父さんにとって、この副業が大きな魅力になるのが、交換作業後に新台の試し打ちができるという点です。新台に、お金を入れないでも自動で玉が出てくるような装置をつけて試し打ちをやります。コンピュータでデータを取って、新台の微調整をしていきます。「三度の飯よりパチンコ！」というお父さんにとっては、まさに夢のような副業と言えるでしょう。

ダンナがパチンコ遊びに夢中になって、家のお金を使い切り、消費者金融から多額の借金を背負い、それが原因で離婚にいたるという夫婦はけっこうな数に上ります。

しかし、パチンコで遊ぶためのお金を、深夜の新台入れ替えのアルバイトでせっせと稼ぐのであれば、自己完結しており、あなたの奥さんは何も文句を言えないはずです。

では、お父さんが新台入れ替えのアルバイトをするにはどうすればいいのでしょうか。アルバイト情報誌で募集をかけていることもあるし、派遣会社がインターネットのサイトを通じてアルバイトのスタッフを募集していることもあるので、これらを見かけたらすぐに応募・登録しておきましょう。

最後に、お父さんがこの仕事をするにあたっての注意点を挙げておきたいと思います。それは、パチンコ台の入れ替えにはかなりの体力が必要になるということです。

パチンコ台は、1台の重さがおよそ25キロにもなります。パチスロ台の場合、1台あたり35キロ以上にもなります。

しかも、新台の入れ替え作業は、機種ごとに入れ替える場合がほとんどで、店内に同じ機種が10台あるのなら、その10台すべてを入れ替えなくてはなりません。パチンコ店によっては、1機種につき30台以上入れていることもありますし、また複数の機種を同時に入れ替える場合もあります。

平均すると、ひとつのパチンコ店内にあるパチンコ台・スロット台は合計405台にもなり、1年に数回は超大型入れ替えといって、4分の1（100台）ぐらいをすべて入れ替えるといったこともあります。新台入れ替えの作業は、お父さんが想像している以上にハードな肉体労働なのです。

基本的には、ペアを組んで台を運搬することが多いので、1人あたりの負荷はある程度軽減されます。普段から身体を動かしているお父さんなら、さわやかな汗をかいて適度な疲れで、帰宅後ぐっすり眠れるかもしれませんが、腰痛持ちのお父さんは、運搬作業が原因で腰痛がひどくなるリスクがあるので十分な注意が必要でしょう。

普段からパチンコによって痛めつけた腰がさらに悪化して、パチンコ遊びが打ち止めになったら元も子もありません。

RECRUITING

花見場所取り代行

JOB DESCRIPTION

- 時給2000円〜3000円（早朝・深夜割増）
- トイレ位置により、積み増しあり
- 「お花見の場所取り代行」は相場が急騰。ヒマなのが好き、いつも後ろ向きお父さんのためのお仕事です。

「ヒマなときはボーっとしているのが好き」「何も考えずに時間の流れをゆっくり感じていたい」「空想しているとつい時間が経つのを忘れてしまい、いつのまにか外が真っ暗になっている」という、ちょっとアブない、後ろ向き人生のお父さんにオススメの副業があります。

それが「場所取り代行」の裏ハロ仕事です。場所取り代行というのは、その名のとおり、子供の運動会や花火大会、お花見など四季折々のイベントで、人に代わってあらかじめベストスポットを押さえておくサービスのことです。

依頼主は、仕事が超いそがしくて場所取りをしている余裕のない人、深夜や早朝、寒いとき、暑いときに場所取りをして、仲間が来るのを待つのがつらいと感じる虚弱体質の人、短気でせっかちな性格の人などです。そんな人たちのお役に立てるのが、「場所取り代行」なのです。

もし、お父さんがこれを読んで「場所取り代行」の副業を始めてみようと思うなら、いろいろな代行業者がホームページなどで従業員を募集しているので、さっそく応募してみましょう。春の季節でしたら、お花見の「場所取り代行」がねらい目です。

東京都内の場合、3月下旬ごろになると、上野公園や代々木公園などのお花見のベストスポットで壮絶な場所取り合戦が繰り広げられることになります。近年では、お花見シーズンの期間中、日本の美しいサクラを一目見ようと中国人観光客が大挙して日本を訪れる「爆花見」という現象も巻き起こっています。

熾烈な場所取り合戦で勝利するのは容易ではなく、どうしても専門の場所取り代行サービスに依頼するケースが増えてきます。

1年のうちにはいろいろなイベントがありますが、実は「場所取り代行」の依頼が圧倒的に多いのは、お花見の場所取りなのです。

これには理由があります。昔は、会社でのお花見の場所取りは、新入社員の仕事でした。しかし、いまは事情が異なります。たとえば、20代を対象としたアンケート調査（2013年にマイナビニュースが実施）の結果によると「新入社員がお花見の場所取りを行なうと決まっていますか？」との問いに対して、きっぱり「はい」と答えたのは、たったの1・1パーセントにすぎませんでした。「いいえ」が89・5パーセント、「そのときによる」が9・4パーセントとなっています。

大手企業の場合、新入社員に場所取りをさせることはまれで、場所取り代行業者に頼むケースが大半なのです。無理やり、新入社員に場所取りをさせると「パワーハラスメント（パワハラ）だ！」と言って訴えられる危険があります。ですから、現在は花見の場所取りをアウトソーシングするのが大企業の流儀になっているのです。

「場所取り代行」の仕事内容は非常にシンプルです。依頼を受けたら、お花見のベストスポットにブルーシートを敷いて、あとはビーチチェアに座って引き渡すのをただひたすら待つだけです。依頼主は、万が一、代行業者が場所取りをできなかったとしても、代行の作業自体には料金を支払う義務があります。

料金は1時間あたり2000円～3000円ぐらいで請け負う業者が多くなっています。ここでいう時間は、場所を押さえてから花見客に引き渡すまでの時間を指します。会社終業後の18時ごろからお花見をスタートする場合、早朝の6時ぐらいから場所取りの依頼が来ることもあります。時給2000円とすれば、報酬は2万4000円になる計算です。

もちろん、夜間・早朝の時間帯は割増料金が請求できます。場所取りの広さについて明確な規定はないのですが、1回の場所取りで30人が座れるぐらいの広さが限度になります。

このように場所取り代行の副業は簡単なのですが、新規参入者が押さえておくべき重要なポイントがあります。熟練の場所取り代行業者が花見の場所取りをする際に重視しているのは、トイレからの位置関係です。近すぎても遠すぎてもいけません。直接トイレは見えないけれど、わりと近い場所がベストとされています。微妙なさじ加減が求められると言えるでしょう。

ちなみに、1年のうちで「場所取り代行」の依頼が、お花見シーズンに次いで多いのが7月から8月にかけての花火大会の季節です。全国各地で開催される花火大会では、誰もがいい眺めの場所で大きな花火を見上げたいと思うことでしょう。このため、花火大会の当日は、朝からたくさんの人が会場周辺に集まって場所取り合戦が繰り広げられるので、なかなか思いどおりの場所を確保することができません。そこで、場所取り代行業者に依頼が殺到することになるのです。

花火大会の場所取りをする場合、絶対に忘れてはならないアイテムが虫よけスプレーとかゆみ止めの薬です。夏になると、蚊が大量に発生します。必死に場所取りをしている間に、蚊に刺されまくって、テンションが下がっては元も子もありません。とくに、太り気味で汗をよくかくお父さんは、蚊に刺されやすいので要注意です。

おわりに

お父さん、あきらめないで！

本書では、全国のお父さんたちに向けて、ユニークな副業やアルバイトをいろいろと紹介してきました。

みなさん、ご自分に向いている仕事、興味のある仕事は見つかりましたでしょうか。

最後に、お父さんたちにとって、あまり聞きたくはないけれど、とても重要な話をあえてしておきたいと思います。

本書の「はじめに」のところで、60歳で退職するまでに3760万円の貯金が必要になるというお話をしたのですが、覚えているでしょうか。この見積もりは、心臓の弱いお父さんに配慮したかなり甘い見積もりで、本当にゆとりのある老後の生活を送るには、その金額では全然足りない可能性が高いのです。

実は、いまの現役世代の人たちを対象にしたアンケート調査がありまして、その結果によると、現役世代の多くは「会社を退職してからは夫婦で毎月36万6000円ぐらいの支出をしたい！」と考えているのです。

ずいぶんと贅沢な話ですが、この支出額を前提にして、60歳の時点で必要な貯金の額を再計算してみますと、なんと合計7256万円にもなるのです。

「ちょっ、待てよ！　最初に聞いた金額の2倍に膨らんでいるではないか！」とビックリしたお父さん、驚くのはまだ早いです。

実は、7256万円の貯金でも、まだ足りないかもしれません。

というのも、このシミュレーションでは、病気になったときや、介護になったときの予備費として、300万円を計上していますが、将来的にこの予備費が、もっと必要になる可能性が高いのです。

高齢化が進展するなか、国民医療費は急激に膨らんでいます。1985年度の段階では16兆円にとどまっていましたが、2014年度には41・5兆円に達しました。

厚生労働省の予測では2025年度の国民医療費は53・3兆円と50兆円を突破する見込みで

す。医療保険制度を維持していくためには、健康保険料の値上げや自己負担額の増加が避けられそうもありません。

介護保険については、さらに危機的な状況になっています。介護の分野では、いわゆる「2025年問題」が懸念されています。2025年には、人口構成上ボリュームの大きい団塊の世代がちょうど後期高齢者である75歳にさしかかってきます。75歳を過ぎると、介護給付が一気に増えるという特徴がありますので、2025年に介護保険が破たんするのではないかと懸念されているのです。

介護保険制度を維持していくには、やはり介護保険料の値上げや自己負担率の引き上げが避けられません。こういった予備費の増加まで考慮に入れると、どうしても60歳時点で1億円ぐらいの金融資産が必要になってきます。

しかしながら、本書を読んで自分に合った副業やアルバイトを見つけたお父さんなら心配することはありません。

明日から副業やアルバイトに真剣に取り組むことで、きっと60歳までに1億円を貯めることができるでしょう。

最後となりますが、本書の執筆にあたっては、方丈社編集部の小村琢磨氏に大変お世話になりました。記して感謝したいと思います。

2016年8月

エコノミスト　門倉貴史

SECRET
HELLOWORK
for DAD

門倉貴史（かどくら・たかし）

エコノミスト、経済評論家

71年神奈川県生まれ。慶應義塾大学経済学部卒業後、（社）日本経済研究センター、00年シンガポールの東南アジア研究所（ISEAS）ほかを経て、05年BRICs経済研究所代表。専門は先進国経済、新興国経済、地下経済、労働経済学、行動経済学と多岐にわたる。同志社大学非常勤講師。日本で初めて地下経済の研究に取り組み、ワーキングプアの啓蒙書も多数発表。09年12月からは、テレビ番組『ホンマでっか!?TV』（フジテレビ）でも活躍中。著書に『世界の［下半身］経済のカラクリ』（アスペクト）、『本当は嘘つきな統計数字』（幻冬舎新書）、『中国経済の正体』（講談社現代新書）、『人妻の経済学 日本経済を動かす125兆2490億円マーケットの秘密』（プレジデント社）、『日本人が知らない「怖いビジネス」』（角川oneテーマ21）ほか。

お父さんのための裏ハローワーク

2016年11月4日　第1版第1刷発行

著　者　門倉貴史《かどくらたかし》

発行人　宮下研一

発行所　株式会社 方丈社

〒101-0051　東京都千代田区神田神保町1-32 星野ビル2階
tel.03-3518-2272　fax.03-3518-2273
ホームページ http://hojosha.co.jp

印刷所　中央精版印刷株式会社

ISBN978-4-908925-04-7

方丈社の本

生きるために大切なこと

アルフレッド・アドラー・著
桜田直美・訳

四六判並製 256 ページ
定価：本体 1400 円＋税
ISBN 978-4-908925-00-9

原典で読む、アドラー！

人は誰でも劣等感を持っている。そして、そこから向上心が生まれるのだと説いたアドラー。「今、ここにある自分」から出発し、自分を見つめ、自分と向き合う大切さを、わかりやすい言葉で語りかける、アドラー自身による、アドラー心理学入門。

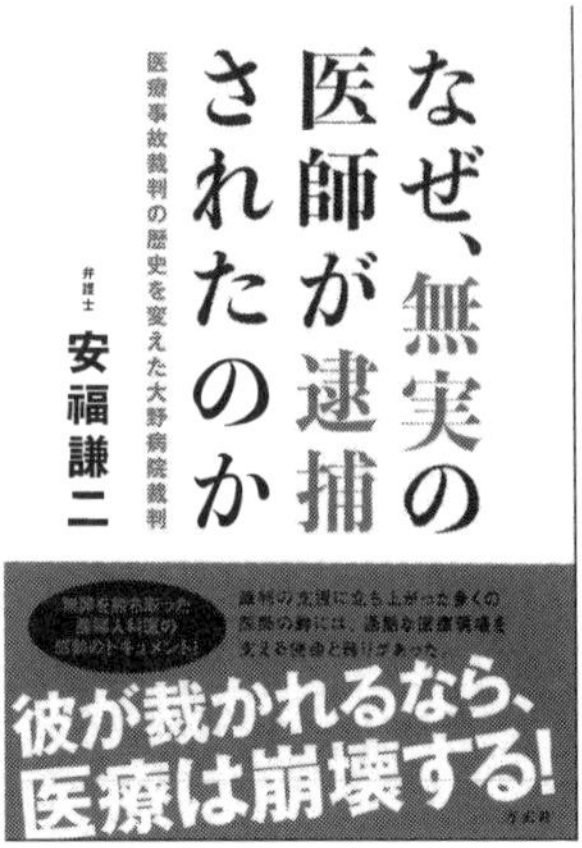

なぜ、無実の医師が逮捕されたのか

医療事故裁判の歴史を変えた
大野病院裁判

弁護士 安福謙二・著

四六並製 320 ページ
定価：本体 1800 円＋税
ISBN 978-4-908925-01-6

彼が裁かれるなら、
医療は崩壊する！

無罪を勝ち取った産婦人科医の感動のドキュメント！　手術を受けた産婦が死亡し、執刀医が逮捕された大野病院事件は、医学界に大きな衝撃を与えた。本書では、弁護士が事件の発端から無罪に至るプロセスを検証し、医療事故裁判の誤判の構造を解き明かす。